アウトドアが100倍楽しくなる！

さばいどるのワイルドキャンプ

- SURVIDOL'S WILD CAMP -

さばいどる かほなん 著

すばる舎

はじめに

皆さん、こんにちは。かほなんです。YouTube『さばいどるチャンネル』をご覧になったことがある方はもうご存知かと思いますが、「さばいどる」って言葉を聞いて「なんだそりゃ?」と思われた方も多いのではないでしょうか?

サバイバルするアイドルで「さばいどる」。アイドル活動をしていた女の子が、いつか無人島を買って、そこで自給自足の生活をするのに必要なスキルを身につけるための修行をする。

そんな様子をYouTubeで公開しています。

山を中心に、海、川など、さまざまなアウトドアフィールドに出かけては、焚き火で料理をつくったり、飯盒でご飯を炊いたり、釣りや猟をして、それを食べたり。ナイフ1本でキャンプ道具をつくることもあります。

そんな私が子どものころに体験したのは、両親と出かけるファミキャン（ファミリーキャンプ）程度。みんなでワイワイBBQをしたり、大きなテントを張ってカレーをつくって……みたいな、普通のキャンプでした。

しかし、田舎の祖父の家に遊びに行ったときには、薪を割って、その薪で焚いたお風呂に入ったり、川に入ってドジョウをすくったり、ジビエや山菜を食べたり。振り返れば、自然に触れる機会が身近にある環境にいたんだなと思います。

アイドルとしては、2013年から「おーだーめいど138」（のちに「おーだーめいど」

に改名）という愛知県一宮市をベースにしたご当地アイドルグループで、ライブなどの活動をしていました。ふりふりの衣装を着て、ライブハウスのステージに立ち、いっぱいしゃべって歌う、ガチのアイドルです。

そんなグループ活動をしながら、YouTubeに初めて動画をアップしたのが2016年。当時は「サバイどる」とカタカナ交じりの表記を使っていました。おーだーめいどってグループのかほちゃんが、サバイバルするって感じ。アウトドアのことなど何も知らない私が、指南役として登場するヒロシ隊長というキャラクターが与えるお題目に従い、そのミッションをクリアしていくという構成です（詳細は130ページ）。

ナイフの使い方、火のおこし方、ご飯の炊き方などを、その活動を通して1から習得しました。当初は自分の道具すらなく、失敗ばかりだった私も、ヒロシ隊長の指導のもと、今では1人でいろいろなことができるようになってきました。

2018年からは、それまでのテレビ番組風のつくりではなく、準備、撮影、演出、出演、編集までをすべて自分でこなすスタイルに変更しました。そのころから、チャンネル登録数が徐々に増えていったと記憶しています。

おーだーめいどの活動も、メンバーが1人抜け、2人抜け、私だけになっちゃって、これからどうしよう？　という時期でした。それなら**「さばいどる」1本でやってみよう**と決意したのが、その年でした。

YouTubeを始めたころは、もちろんYouTubeからの収入などなくて、それでも動画はつくらねばならない。高価な山道具やキャンプ道具はなかなか買えなかった時代です。

でも趣味で100均に通っていて、そこで発売されたばかりのステンレスのお皿を発見。アウトドアのアイテムは今よりずっと少なかった時代ですが、「100均でもアウトドアグッズがあるじゃん!」と思って、早速使ってみました。そうしたら、すごく使いやすくて、見た目もカッコ良くて驚かされました。

100均の道具は、そのまま使ったり、アイデア次第で別の用途に応用できるものもあったり、お金をかけずにアウトドアを楽しむには便利です。

色々なお店を探してみると、100均に限らずウェアも、高価な専用のものでなくても低価格なのにアウトドアで快適に使えて、しかもおしゃれなものもあって。アウトドアの活動を重ねるほどに、何が使えて、何が使えないかも判断できるようになり、そういうものを上手に利用できるようになってきました。

もちろん、ナイフや山で使うテント、シューズなど、命にかかわるような道具には投資を惜しみません。暑い夏でも、雪が降る山でも関係なく自然の中に入ることで、少しずつですが、無人島で暮らすために必要な道具が何か、何をすれば生きていけるのかという壮大なテーマの答えが見えてきました。

本書は、**アイドルの女の子が、1からはじめたアウトドアライフの成長記であり、中間報告でもあります**。私が野山に入り会得したやり方をまとめてみました。一般の方や、アウトドア歴何十年なんていうベテランの方とは、少しやり方が違うこともあると思います。さばいどる　かほなんのオリジナルスタイル=「ワイルドキャンプ」として、**「こんなやり方もあるんだな」**と参考にしてもらえればうれしいです。

「ソロキャンを始めたけどうまくいかないな〜」とか**「これからキャンプに行って焚き火をしてみたい！」**なんて方にも、きっとお役に立てることと思います。**まずはご興味を持たれた部分だけでもぜひ採り入れてみてください。**どなたでも簡単にできる内容も、たくさん掲載されていますよ。

では子どものころに夢見た冒険の世界への扉を開いてみましょう！

～さばいどる かほなんの歩み～

岐阜県生まれ、岐阜県育ち。子どものころからファミリーキャンプや登山を楽しむ

2013年	「おーだーめいど138」1期生として活動開始
2016年 9月	さばいどるチャンネルシーズン1　スタート
2018年 1月	所属グループ名が「おーだーめいど」に改名される
2018年 6月	「おーだーめいど」解散。さばいどるとしてソロデビュー
2018年12月	現在の撮影スタイルに変更　シーズン2へ
2019年 7月	狩猟免許（わな猟）取得
2019年 7月	第4級アマチュア無線技士取得
2019年12月	活動の拠点となる山を購入
2020年 1月	車両系建設機械（整地等）3トン以上運転資格取得
2020年 4月	新型コロナウイルスの影響で一時、山に籠って修行生活をする
2020年 7月	初の著書『お金をかけない！山登り&ソロキャンプ攻略本』（KADOKAWA）発売
2020年 9月	チャンネル登録数30万人突破
2020年10月	岐阜県東白川村のレンタル山でも活動開始
2021年 1月	岐阜県警大垣警察署特別広報大使を務める
2021年 5月	チャンネル登録数37万人突破

⚠ 本書に掲載されている内容の一部には、危険を伴うものや、法令によってルールが定められているものがあります。必ず注意を払い、必要に応じて専門家の指導を仰いだり、資格・免許を取得したりして、法律や条令を遵守したうえで、ご自身の責任の下で実践してください。本書の内容を参考にした行為等で発生した事象について、著者、出版元、その他関係者は一切責任を負いませんので、その点はあらかじめご了承ください。

編集協力・撮影 山本修二
撮影協力 桑山寛之
ブックデザイン 相川洋慧
DTP 有限会社クリィーク
編集担当 大原和也（すばる舎）

PART 1

刃物の扱い方を習得しよう!

木や竹を切る、食材を切る……。
アウトドアにおいて必要不可欠なのが、
ナイフを中心とした刃物を扱う技術です。
まずは自分に適したナイフ選びから始めましょう!

PART 1　刃物の扱い方を習得しよう!

01 ナイフの種類と特徴を知ろう!

さまざまな役割を担うキャンプの必需品!

山に入ったときには、日々ナイフを使っていますが、私は薪割りから料理まで全てを1本のナイフでこなしています。

そんな私ですが、本格的にナイフを使うようになったのは、さばいどるの活動を始めてから。

現在メインで使っているナイフは、岐阜県関市にあるKIKU KNIVESの松田菊男さんがつくってくれたものです。自分の意見を取り入れていただいた特製品のため、本当に使いやすく、山に入れば幅広く活躍してくれます。

薪を割ったり、着火しやすいように細い薪の先を削るフェザースティックをつくったり、ファイアスターターを削ったり。もちろん、肉を切ったり料理にも使います。ナイフを使う技術を磨くために、彫刻刀を使わず、木でスプーンやフォークなどの食器をつくったこともあります。

自分に合ったナイフと山に繰りだそう！

ナイフには、用途に合わせたさまざまな種類があります。大きさもいろいろで、折りたたんでポケットに入るものから、剣鉈《けんなた》という、鉈のようなサイズのものまで。

ブレードの形状や、グリップ、そして、シースと呼ばれるケースにもたくさんの種類があります。次ページでは、私が所有するナイフを例に、それぞれのナイフの特徴と、どのような用途に向いているかを紹介します。

いいナイフは、野外の作業を格段に効率的にしてくれます。私にとってはもちろん、皆さまもキャンプに行くときには、**ぜひ自分のお気に入りのナイフを手に入れて、**日常ではできない、豪快に切る楽しみに挑戦してみてください。

ナイフのメンテナンス

ナイフは、薪を割ったりしているうちに、本来の切れ味がなくなってきます。「キレが悪くなってきたな」と思ったら、自分でメンテナンスをしましょう。

蛤《はまぐり》刃《ば》以外の直線的に刃がつけられた両刃のナイフなら、シャープナーに刃を入れて、「シャッ！シャッ！」と数回引くだけで、簡単に切れ味が復活します。

研ぎ終わったら、椿油など植物性の油を塗り、ティッシュなどでざっと拭き取ります。油を塗ることで、金属の劣化を遅らせることができます。工業用の油を使うと、調理をする前にアルコール消毒をする手間が発生するので、身近にあるオリーブオイルなど食用のものを使うことをオススメします。

携帯性が良く、作業中でもサッと研げるLANSKYのシャープナー。

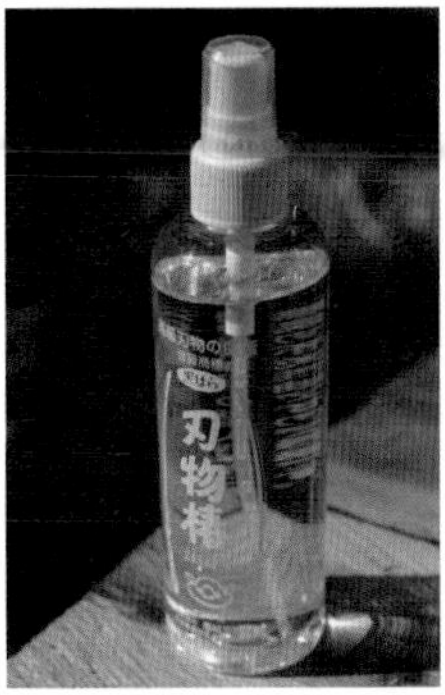

ナイフに塗るオイルは「刃物椿」という椿油を使っています。

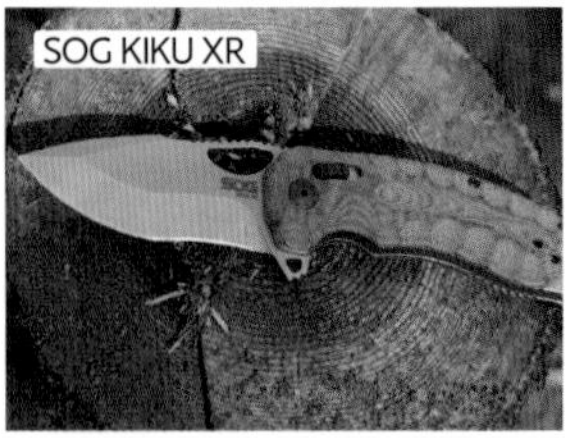

SOG KIKU XR

松田菊男さん監修。リネンマイカルタという、手が滑りにくい素材のグリップが特徴的。先端が鋭く、刺したり、皮を剥いだりするのに適しています。

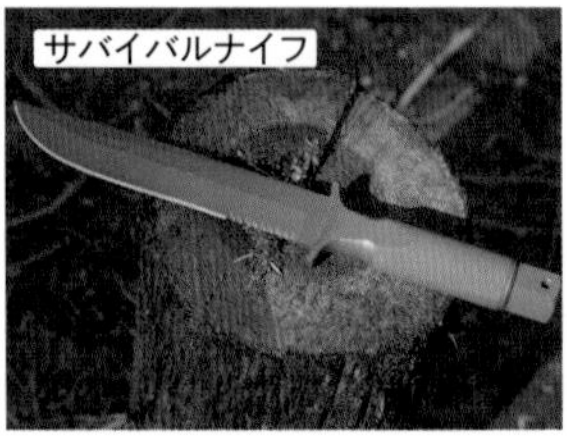

サバイバルナイフ

グリップエンドを回すと中が小物入れになっており、サバイバルアイテムを収納できます。刃にギザギザの部分があり、ロープなどを切る際に便利。

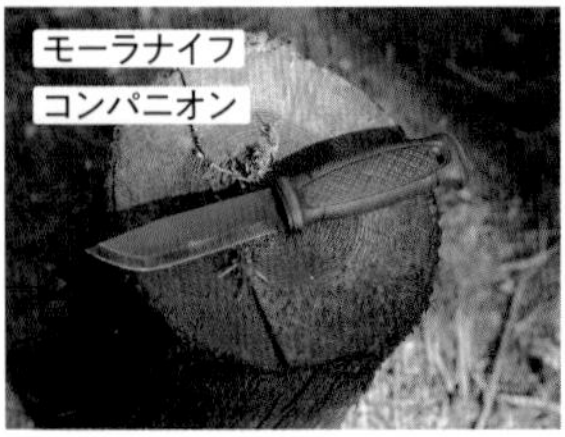

モーラナイフ コンパニオン

刃に使われる鋼材がグリップの中まで入った、フルタングというタイプ。薪割りなどに向いています。グリップはラバー製、シースはプラスチック製です。

リジッドナイブス

刃先の形状がラウンドしながら下がっている、クリップポイントと呼ばれるタイプ。刃渡りが長く、フェザースティックをつくる際に便利です。フルタング。

カランビットナイフ

刃をグリップの中に収納できるフォールディングというタイプ。刃先が鋭いため、私は釣りに持っていき、魚の腹を捌く用途で使用します。

オピネル

お手軽価格で使いやすい定番品。フォールディングタイプ。調味料などと一緒のバッグに入れ、調理の際に使用します。サイズは多彩で切れ味も◎。

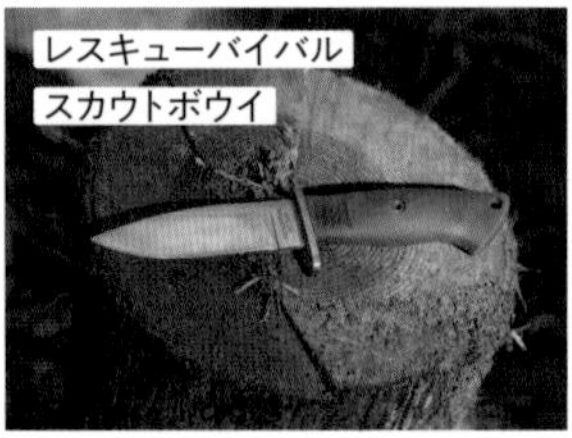

レスキューバイバル スカウトボウイ

岐阜県関市でつくられている、コンパクトでも切れ味がいいナイフ。刃の上部が下に向かって低くなったドロップポイントという形状が特徴です。

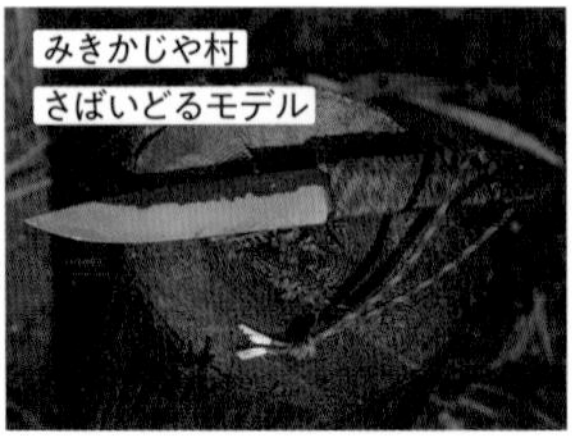

みきかじや村 さばいどるモデル

刃物の町・播州三木(兵庫県)にある池内刃物さんと、さばいどるのコラボナイフ。刃は厚く、バトニング(後述)などの際、刃によく力が伝わります。

キクナイフ さばいどるナイフ

キクナイフの松田菊男さんとのコラボでつくっていただいたナイフ。現在はこれをメインで使用することが多いです。蛤刃(はまぐりば)と呼ばれる、断面が直線的ではなく、蛤の貝のように丸みをおびた研ぎ方をしたブレードが特徴で、驚くほど鋭い切れ味がお気に入りポイント。薪を割ったり、枝をはらったり、背面でファイアスターターを削ったり。刃先が鋭いので、クラフトなどの細かな作業にも重宝します。

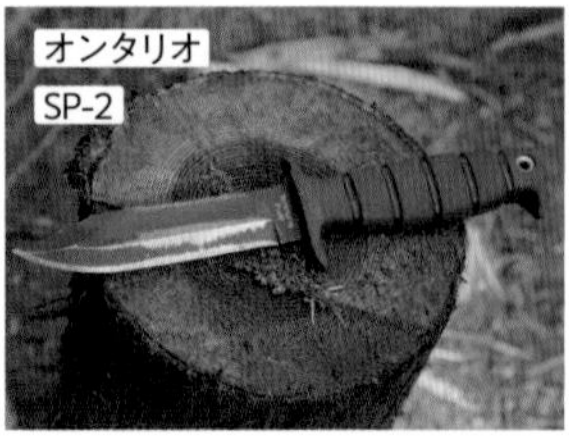

オンタリオ SP-2

ミリタリー用につくられたナイフで、刃は、先端が鋭くつくられたタントーポイントと呼ばれる形状に分類されます。ミリタリー用なので、刺したり、切ったりしやすいですが、このタイプのブレードは、アウトドアでは、少し使いにくいかもしれません。刃の上部は、のこぎりのようなソーバックという形状になっています。麻紐を切ったり、ファイアスターターを削るのには便利。

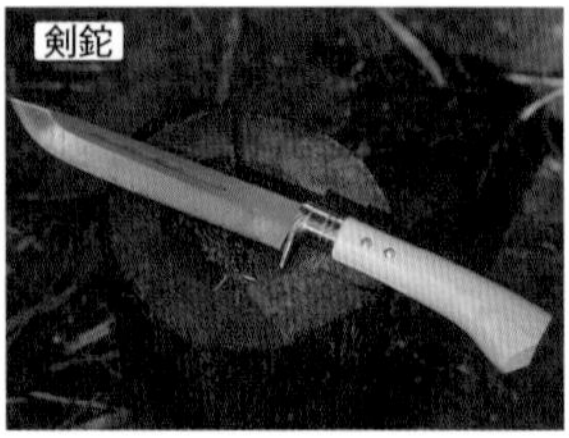

剣鉈

関市でつくられたこの剣鉈(けんなた)は、紹介したナイフで唯一、片刃という刃の断面が左右非対称の形状です。なので右利きと左利き用に分かれます。

刃もグリップも形はさまざま

ナイフとひと言でいっても、刃の形状、長さ、グリップの種類、そして、値段などさまざまな種類があります。いろいろと使ってみて、自分が使いやすいモデルを探すのも、ひとつの楽しみです。

ナイフには、一般的な1本ものと、折りたためるフォールディングの2タイプがあります。折りたためないものは、強度が高く、バトニングなどに向きます。専用のシースというケースに入れて持ち運びます。フォールディングは、約半分の長さにたためるので、携帯性に優れます。

ナイフの刃を正面から見たときの断面の形状です。左から、まっすぐな断面のフラットグラインド、緩い曲線的なホローグラインド、左右非対称に削られたチゼルグラインド(片刃)、強度が高く薪割りなどで威力を発揮するコンベックスグラインド(蛤刃)と呼びます。

刃の形状もさまざま。上から、トレーリングポイント、クリップポイント、ドロップポイント、タントーポイント、スピア。レジャー用、作業用、狩猟用、軍用など、使われる目的に応じた形状になっています。

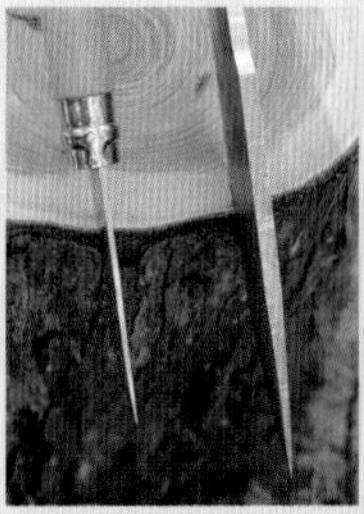

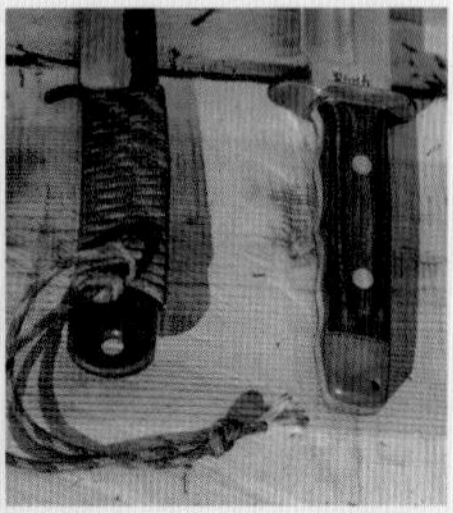

㊧ブレードの厚さにも種類があります。バトニングをするには、厚いものが有利です。

㊨グリップに使われる素材にも種類があります。プラスチックや金属、木に塗装が施されたものは、洗ってもすぐに乾くので狩猟など汚れやすい作業に向きます。パラコードのものは、滑りにくいですが濡れた場合に乾きにくいです。ただし、何か必要なときに、ほどいてロープとして使える点は魅力です。
握った手が刃の方に滑って手を切らないようにヒルトと呼ばれる、ツバのようなものがついたものもあります。これがあると、万が一、手が滑ってもケガを防いでくれるので安心です。

シースに使われる素材にも、プラスチック、布、皮革などの種類があります。アウトドアで使う場合、洗いやすくカビにくいプラスチック製が便利です。

シースを外す際の思わぬケガに注意

基本的なナイフの使い方を紹介します。先述したように、ナイフにはさまざまな種類がありますが、ここでは、私が使っているキクナイフのさばいどるモデルを例に紹介します。

右利きの場合、シースからナイフを抜くときには、右手でナイフのグリップの刃に近いところを持ち、左手でシースの中心を持ちます。グリップ側の端を持つと、ナイフを抜いたときに手を切る可能性があるので、必ずシースの中心を持ってください。

そして右手の親指で、シースの背の端を先端に向かってグッと押して、少しずれたら左手で引き抜きます。

これは悪い例です。シースのグリップ側を持つと、ナイフが抜けたときに手を切ることがあるので、この位置は絶対に持たないように。

右手でグリップをしっかり握り、左手でシースの真ん中あたりを握ります。右手の親指で、シースの端を先端に向けてグッと押すとシースが抜けます。

フェザースティックをつくるときなどの、親指を刃の背の部分に添える持ち方。操作性が良くなります。ケガをしないように気をつけながら、自分のナイフで使いやすい握り方を探してください。

手袋は消耗品。選ぶときには、手のひら側に本革の滑り止めがついているものが使いやすいです。

手袋の着用で木から手を守る

ナイフを使うとき、私は手袋をすることが多いです。これはケガを防ぐためですが、ナイフで手を切ることより、薪を持ったときにささくれが手に刺さったり、断面で切り傷をつくらないようにする意味合いが強いです。ただし、**滑りやすい手袋だとかえって危険**なこともあります。ご自身で用途と危険性を判断して、使用の有無を決めてください。

手袋は消耗品なので、ホームセンターで売っている1000円以下のものを使っています。選ぶときには、着脱がしやすいフィット感のサイズのものを探します。この程度の価格でも、指先が滑りにくい皮革製のものもあるので、自分に合ったものを選んでください。

ナイフの持ち方は、すべての指でグッと握ります。フェザースティックをつくるときなど、ナイフをスライドして使う場合は、親指を刃の背側にあてると力が入りやすくなります。

シカの皮を剥ぐような場合は、人差し指を刃の背にあてると、指使いが繊細になり、上手に剥ぐことができます。

PART 1　刃物の扱い方を習得しよう！

02 ナイフを実際に使ってみよう！

「薪を割る」「木を削る」幅広く活躍するナイフ

「切る」だけでなく、斧や鉈がないときに薪を割るなどの用途にも使えるのがナイフ！　焚き火をするときなど、太い薪は着火に時間がかかるので、ナイフで薪を細くして使います。

薪割りには、厚みのあるナイフが適しています。できればグリップの中まで鋼材が入っていて、力が伝わりやすいフルタングのものがいいでしょう。**折りたたみ式のものは、携帯性に優れている反面、強度が低いものが多いので薪割りには適しません**。

まず、薪の下に板などを使って薪割り台をつくります。私は、木を切ったときにできる、短い丸太を薪割り台として使うことが多いです。

同じように見える薪でも、よく見ると節が入っているものもあります。節は硬く、横方向に入っていることが多く、ナイフではうまく切れません。できれば節がない薪を選びましょう。

台の上に薪を立てたら、薪の割りたい位置にナイフの刃の根元に近い部分を当てます。右利きの場合、ナイフは左手で持ち、右手で別の薪を持って、勢いよくナイフの刃を当てた部分の背を叩きつけてください。刃が薪に入ったら、次は刃先の背を叩きましょう。数回叩くうちに薪がパカンッ! と割れます。

この作業を**バトニング**といい、何度か繰り返して、好みの太さの薪をつくります。

薪割りの基本・バトニング

薪割り台の上に薪を立て、薪の上部にナイフの刃の手元に近い部分をあてます。もう一方の手に重量のある太めの薪を持ち、それを勢いよく振り下ろして、刃を当てた部分の背を叩きます。

薪に刃が入ったら、次は刃先の背面を叩いてください。何度か繰り返すと薪が割れます。着火用の細い薪ができるまでこの作業を繰り返し、細くしていきます。

フェザースティックのつくり方

細く割った薪をさらに着火しやすくするため、薪の表面を薄く削り、鳥の羽のような形にしたものをフェザースティックといいます。これも、**キャンプで焚き火をするときの定番の作業なので、ぜひマスターしてください**。

まず、2～3㎝程度の太さの薪をつくります。刃の中心部を薪に対して鋭角に当てたら、手に力を入れ、刃先をスライドさせるように薪の表面を薄く削ります。削ったフェザーは切り落とさないでください。**ストロークを長くすることで、一つひとつのフェザーが長くなり着火しやすくなります**。

この作業を繰り返して、鳥の羽のようなモシャモシャができたら完成！

この薄い部分が燃えやすく、ここから着火し、薪全体に火が移ります。

使用する薪の太さ、フェザーの薄さやサイズ、数は、お好みで。自分のナイフに合ったやり方を見つけましょう。

このほか、長い薪を短くするときにも、ナイフを使うことができます。

薪の真ん中あたりをめがけて、ナイフの刃を叩きつけていきます。薪をグルッと1周、真ん中だけが細くくびれるようにしましょう。ある程度、中央を細くしたら、薪の片側を石などの上に置いて、思い切り踏みつければ、ほぼ半分の長さにできます。

この他ナイフを使う際に注意することは、ナイフの刃で硬いものをグリグリとえぐらないこと。**ナイフの刃は繊細なので、変な方向に力を入れて使うと、すぐに刃が傷んでしまいます**。

フェザースティックをつくる際には、刃の長さを有効に使います。刃を薪に鋭角にあて、刃の真ん中あたりから根元へスライドしながら薄く削る作業を繰り返していきます。

薪を短くするときには、まず薪の真ん中あたりを狙って、ナイフを叩きつけて削っていきます。ある程度、削れてきたら、ナイフをあててスライドさせながら、さらに細くしていきます。

真ん中あたりだけが細くなったら、薪の片側を石などの上に置き、勢いよく踏みつければ、2つに折れます。

お手頃サイズの斧で丸太から薪をつくる

チェンソーで切り出した丸太を薪にするときには斧を使います。私は、ハスクバーナの斧を使っています。一般的に、丸太を割るときには、振り下ろしたときに遠心力と刃の重さで大きな力がかかる柄の長い斧を使いますが、私はキャンプでも使えるように、持ち運びやすさを優先して、今回は手斧を使用しました（写真参照）。このサイズの斧でも、丸太を割ることができるんです。

まず、割りたい丸太を台の上に載せます。**土の上だと、せっかく振り下ろした力が地面に逃げちゃうので、必ず硬い板などの上でやりましょう。**

丸太を台の上に置いたら、大きく振りかぶって、エイッ！　と一気に振り下ろします。

刃先が丸太にしっかり刺さったら、上下を反対にします。斧の刃の上に丸太が載っている感じです。

重いですが、それをがんばって持ち上げて、台の上に落とします。**丸太の重みを利用して割るイメージ**です。できれば、丸太を台に叩きつけるぐらいの勢いで。

何度かやっているうちに、パカンッ！と2つに割れます。1回で割れなかったら、何度か繰り返してください。

ここまできたら、あとは斧を振り下ろすごとに、パカンッ！　パカンッ！と気持ちよく割れて細くなっていきます。好きな太さの薪ができるまで、この作業を繰り返しましょう。私は、ある程度の太さでやめておいて、使うと

きにナイフで適度な太さに割っています。着火用は細く、暖をとるときなど、火持ちを良くしたいときには太い方がよいからです。

薪割りをするときには、ささくれなどで手を怪我しないように、グローブをしましょう。斧がスポンッ！と飛んでいかないように、てのひらに滑り止めがついたものを使います。

丸太から薪をつくる方法

1 周囲に人がいないことを確認して、思い切り振りかぶります。

2 刃先が丸太にしっかりと刺さった状態で、上下を入れ替えます。

3 重いですが、頑張ってこの状態のまま斧で丸太を持ち上げます。

4 片手で丸太を支えて、重量を利用して台の上に落とします。

5 割れ目が貫通して半分になった丸太は、再び斧を使ってさらに半分に。

6 好みの太さになるまで繰り返します。あまり細くしすぎると、火持ちが悪くなるので、適度なところまで。

コラム #01

なくてはならないチェンソー

2020年になって、買った山（↓P46参照）を整備するために敷地内の木を切り倒す必要性が出てきました。そこには、鉈やノコギリでは太刀打ちできない太さと数の木があったので、初めてチェンソーを買って作業をすることにしました。

まずはチェンソーに慣れようと、比較的、価格の安いチェンソーを購入して、切り方を自分なりに工夫しながら作業してみました。しかし、重機の練習中、チェンソーを誤って踏んでしまい、壊してしまったのです。

そこで2台目を購入することとなり、今度は以前のものより上級者向けの、ハスクバーナのチェンソーを購入しました。

それがちょうど、私がforenta（↓P67参照）という森林レンタルシステムのアドバイザーになるタイミングでした。私が使う区画の整備で大活躍。forentaのシェルターづくりは、このチェンソーのおかげで、驚くほど効率よく進みました。

現在は、3台のチェンソーを使っています。上級機の大きなものは、切れ味も扱いやすさも全く別物で「さすがっ」て感じでした。特にパワーに余裕があり、太い木も気持ちいいぐらい切れました。

それでも本体が大きいため、枝切りなどには使いにくい面もあります。

そんなときに出動するのが、ツリーケアソーと呼ばれるコンパクトなモデル。切った木を運ぶときの邪魔になる、飛び出した枝を切るときに使いました。

小さなボディと短い刃先のおかげ

で取り回しがよく、作業効率が格段にアップしました。1本の木に何本もの枝がついているので、これを切る作業をナイフやノコギリでやっていたら、どれだけ時間があっても足りません。

そしてもう1台。バッテリー駆動タイプも使っています。エンジンタイプのように振動がなく、軽いので、なにより手が楽です。しかも音が静か。自宅でDIYをするときでも、ご近所迷惑にならないのがいいですね。

山に入って木を切るときには、体を守るために防護服を着るんですが、これも一式、ハスクバーナで揃えました。ヘルメットには、目を粉塵から守るメッシュのバイザーと、イヤーマフという耳にあてる防音用の器具がついています。大きなエンジン音を聞きながら1日6～7時間作業しても、イヤーマフのおかげで、耳も快適でした。

手にはフィット感がいい作業用グローブ。そして、足元は滑りにくく、山でも歩きやすいシューズを履いています。

全身ハスクバーナで決めると、なんだか気合いが入ります。そしてハスクバーナがオートバイもつくっている会社だからか、ルックスがライディングギアのようでかっこいいんです。自分が描いていた森での作業着のイメージとは大違い。なんだかスタイリッシュで、これを着ると気分が上がります。

PART 2
ブッシュクラフトにチャレンジ!

自然にある素材を利用して、
最小限の道具でアウトドアを楽しむのがブッシュクラフト。
PART1で使い方を学んだナイフを駆使して、
調理器具や隠れ家をつくってみましょう!

PART 2 ブッシュクラフトにチャレンジ!

01 竹を使って食器をつくってみよう!

自然を楽しみながら刃物の使い方も学ぶ

ブッシュクラフトには、自然のなかにあるものを活かして、自分が使うギア等をつくる技術が求められます。ネットで便利そうなものを探して買うのもいいですが、その場で拾った廃材などを使い、限られた道具と自分の技を駆使して、食器や、自分のアウトドア生活に役立つグッズをつくること自体が、楽しいアクティビティになります。**しかも、同時にナイフやノコギリ、斧などの使い方を学べるんです。**それらの道具に慣れるという意味でも、とっても役に立ちます。

私は、拾った木を使って焚き火用のリフレクターをつくったことでブッシュクラフトにハマりました。それから、竹や木でカトラリー（箸、スプーン、フォーク、ナイフなど）をつくったり、焚き火の上に載せて肉を吊るすトライポッドや、枝を使った吊るし台をつくったり。

野にある材料を使い、自分でつくった道具は唯一無二。便利なだけでなく、見た目もカッコイイし、もし壊れちゃっても、薪にすればいいだけ。キャンプの素敵な楽しみ方になりますよ。

竹を使ってカトラリーをつくる

ここでは竹を使ったカトラリーづくりを紹介します。

竹は入手しやすく、木材よりも加工がしやすい身近な材料です。ご存知のように、竹はもともと筒のように、中が空洞になっています。これが木材との最大の違いで、切るだけでお皿になったり、カップになったり、簡単な加工だけでキャンプで使える道具をつくれます。

また、繊維が縦方向に伸びていて、それに沿ってナイフを入れると、ほぼまっすぐにスパンッと切れます。さらに途中に節があるから、切れすぎちゃう心配もありません。箸、スプーン、ナイフ、フォークは、この特徴を利用すると簡単につくれます。

ナイフの使い方に慣れていない方なら、竹で自分が使う道具をつくりながら、同時にナイフに慣れたり、切れ方の特徴を理解することもできます。いきなり木を使って何かをつくる前に、ファーストステップとして、竹を使ってカトラリーをつくってみましょう。

竹を使ったカトラリーづくり　用意するもの

1
竹を1本、1~1.5mほどの長さのものを用意します。道具は、ナイフとノコギリだけ。

2
まず、下準備をします。両方の節の外側を2~3cm残してノコギリで切り落とします。これは皿に使います。

3
このあとつくるもののために、あと2つ切っておきます。ひとつは、片側の節だけ残したもの（中）。もうひとつは、節から高さ10cmぐらいのもの（左）。

皿のつくり方

1

お皿は、両側に節を残した竹を使います。最初に、底になる部分をつくります。竹の外側、だいたい幅3cmほどになる部分にナイフを当ててバトニング（→P21参照）します。

2

底になる部分と平行になるように、およそ半分の位置をバトニングして割ったらお皿のできあがりです。とても簡単ですよ。

箸とナイフのつくり方

1

箸は、好みの長さの材料をバトニングして半分に切っていきます。

2

これを繰り返し、自分の好みの太さになればできあがりです。先を少し削ると使いやすくなります。

3

ナイフは、節の両側を10cmと15cmぐらい残して、高さ3cmほどの板状のものをつくります。

4

次にグリップをつくります。10cmほど残した側の節の上に、握る部分を2cmほど残して切れ目を入れます。そこまでバトニングして、余分な部分を落とします。

5

内側の節を切り落とし、15cmくらいのほうの先端をナナメにカットします。ナイフの先端部分を薄く仕上げたらできあがりです。

スプーンとフォークのつくり方

スプーンとフォークは、途中までつくり方が同じです。片側だけ節を残した竹の筒を幅5～6cm程度に割ります。これを2本つくっておきます。

先端部をつくります。節の上（長い方）に両サイドからノコギリで切れ目を入れます。間は2cmほど残します。

残した2cmの部分が柄になるので、その両側をバトニングで切り落とします。ナイフが先ほど入れた切れ目に到達すれば、スパンッと切れます。

見た目をよくするため、節の内側のでっぱりをバトニングして切り落とします。

先端と両サイドを削り、スプーンっぽい形状に仕上げます。これでスプーンができあがりました。

できあがったスプーンの先にノコギリで3本ほど切れ目を入れれば、フォークになります。

PART 2　ブッシュクラフトにチャレンジ！

02 自然の材料でワイルドな調理器具をつくる！

落ちている枝でトライポッドをつくる

トライポッドは、焚き火の上にセットして、肉や飯盒《はんごう》を吊るして使うワイルドな調理器具になります。金属製の市販品もありますが、落ちている枝とロープさえあれば簡単につくれます。しかも、雰囲気がとてもかっこいいんです！

ではさっそく、つくり方を左ページで紹介します！

補足ですが、ロープは化学繊維のものだと熱で溶けたり燃えやすかったりするので、綿などのものがおすすめです。ロープの長さは、枝の太さにもよりますが、今回は2.5ｍほどのものを使いました。枝は腐っていないか確認するため、少し力をかけて曲げてみてください。折れなければＯＫです。

ある程度、太さと長さがある、まっすぐな枝を3本集めます。腐敗していないかに注意。

一番短いものに合わせて、3本の枝を同じ長さに切り揃えます。だいたいでOK。

ナイフを使って樹皮を剥がします。樹皮は燃えやすいですし、剥がせば見た目がよくなるので、時間があればぜひ!

一番太い枝を軸にします。その枝の上から20cmあたりを巻き結びで縛ります。

軸枝の両脇に他の2本を置いて、交互にロープをくぐらせます。左→中央→右→中央という感じ。

だいたい10回、10cmぐらいの高さまで巻いたらOKです。この時、ロープを60cmくらい残しておきます。

枝と枝の間に、縦方向にロープを通して、ギュッと締めます。あとは残りのロープを巻いて留めましょう。

下を開いたら完成です。焚火台の大きさ、高さ、火力に合わせて、脚の開き具合を変えて調整します。

肉を吊すとこんな感じに!　下にあるのはスウェーデントーチというもので、これも本パートでつくり方を説明します!

普通のフライパンを焚き火用にアレンジ

ダイソーで購入した400円のフライパンを、焚き火用に改造してみます。もちろんそのまま使ってもいいですが、焚き火に近づけると柄の部分が溶けてしまうかもしれません。また、柄が短いため、体が焚き火に近すぎて熱かったり、火の粉を浴びやすくなってしまいます。そこで、柄の部分を取り外して、長い枝に差し替える方法を紹介します。

ネットで調べると、焚き火用のフライパンを自作するキットは5000円ほどで市販されています。でも、家にあるもので代用できないかと思って探したところ、このダイソーで買ったフライパンを見つけました。こういうお得感がある工夫は楽しいですね。

㊨つくりたての焚き火用フライパンで、ご飯を炒めるかほなん。「手が熱くならなくていいですね」

㊦作成した焚き火用のフライパン。この日は、柄の長さが違うもの2種類をつくってみました。見た目もワイルドで、持ちやすい焚火用フライパン。これを持つだけで、気分が上がりますよ！

焚き火用フライパンのつくり方

1

今回使った道具と材料。用意するのはダイソーで400円（税抜）で買ったフライパン、ナイフ、ドライバー、ノコギリだけ。柄に使用する枝は山で拾ったものです。

2

まずは、柄を抜きます。柄の部分は、本体にねじ込んであるので、ネジをドライバーで外し、柄の部分をグルグルッと回せば、外すことができます。

3

柄にする枝は、フライパンの柄を抜いた部分の穴のサイズより太いものを探してきます。拾ってきた枝をノコギリで適当な長さに切りますが、その際は両端ともにまっすぐに切り落としてください。

4

樹皮は全面剥がしておきましょう。樹皮には火が燃え移りやすく、持った際にトゲが刺さることもあります。このとき剥いた樹皮は取っておけば焚き付け用に使えます。

5

枝の先が穴に入るよう、先端を細く削ります。穴に入れたときに動かないよう、ギリギリの太さにしなければなりません。少し削っては入れてみて、削りすぎないように調整してください。

6

ちょうどいい太さに削れたと思ったら、一度ギュッと押し込んで何度か振ってみて、柄が外れなければOK。心配な方は、フライパンの柄に、穴が開いている箇所があるので、そこに釘を打っておけば安心です。

PART 2　ブッシュクラフトにチャレンジ！

03 スウェーデントーチをつくってみよう！

調理にも暖をとるにも便利で見た目も◎

スウェーデントーチは、丸太にチェンソーで切れ目を入れたダイナミックなトーチです。見た目もいいので、「1度は使ってみたい！」と人気がありますね。

ここでは「スウェーデントーチ」と、それを発展させた「ロケットストーブ」、そして、薪を束ねるだけの「簡易スウェーデントーチ」をつくります。

まず、普通のスウェーデントーチ。これは、丸太にチェンソーで4等分または6等分になるように切れ目を入れるだけです。下から5㎝ぐらいのところまで切れ目を入れます。切るのは簡単ですが、乾燥させないと火が着きにくいので、つくってから長い期間、乾燥させて使います。

スウェーデントーチのいいところは、上に調理器具を載せられること。そして、**一気に燃えないから火がとても長持ちする**ことです。**特に冬場、暖まりながらキャンプをしたいときにはいいですよ**。

また、調理をする際、長い釘をトーチの上部に3本ほど打ち込むと、五徳代わりになって便利です。このひと手間で、とっても料理がしやすくなります。

定番のスウェーデントーチは、チェンソーで丸太に切れ目を入れてつくります。安全のため、なるべく防護服を着用しましょう。

ロケットストーブのつくり方

ロケットストーブは、チェンソーがなくてもつくれます。必要なのは、長くて太い刃を付けた木工ドリル。まず丸太の中心にまっすぐ穴をあけ、下からだいたい10㎝ぐらいまでいったらストップします。次に丸太を横にして、先ほどあけた穴に貫通させるように、横穴をあけます。縦と横の穴が、丸太の中でL字につながるイメージです。

今回使用した木工ドリル

丸太の中心にドリルを当て、上から強く押して穴をあけます。これで縦の穴はOK!

縦にあけた穴の深さをだいたい記憶しておいて、一番下でつながるように横穴をあければ完成!

電動工具いらず！簡易タイプのつくり方

丸太がなくてもスウェーデントーチのような、〝映える〟焚き火を楽しめるのが、薪を使った簡易タイプのスウェーデントーチです。これは、薪を針金で束ねるだけ。キャンプ場で売っている薪をそのまま使うのもありですね。ちょっと贅沢な焚き火を楽しめますよ。

簡易タイプのスウェーデントーチは、薪1束と針金、ペンチがあれば簡単につくることができます。

1 丸太の形をイメージして、薪を束ねます。

2 針金で、束ねた薪の周囲をグルリと巻きます。

3 ペンチで針金をギュッと締めます。針金の余分な部分を切ります。

4 簡易型スウェーデントーチのできあがり！　キャンプ場で売っている薪を使ってやってみるのもいいですね。

トーチの種類によって着火方法を使い分ける

私は着火するときに、それぞれのトーチに合った方法を選んでいます。普通のスウェーデントーチには、固形タイプの着火剤を使います。小さくちぎった着火剤を十字に入れた切れ目に差し込んだら、そこに着火用のライターで火を着ければOKです。

ロケットストーブは着火しにくいので、コンパクトストーブ用のホワイトガソリンを中心部にかけて着火します。火が見えにくいので、火傷には気をつけてくださいね。

簡易タイプのものは、隙間がたくさんあるので、そこに細い枝や木の葉を入れて着火します。もともと薪なので、先に紹介した2つのタイプより着火は簡単です。

使った木材の種類や太さ、乾燥具合によって燃焼時間は変わってきますが、大きな丸太を燃やすので、完全に燃え終わるまで長い時間がかかります。**時間に余裕があるときに、ゆっくりと楽しむアイテムとして最適ですね。**

火が小さいときはキャンドルのようでもあるし、横穴から風がたくさん入れば、大きな炎があがります。だんだんと薪に火が移っていくので、あせらずに火を育てましょう。

簡易タイプのスウェーデントーチ

簡易タイプは、薪の隙間に小枝や乾燥した葉などを差し込んで、そこに着火します。

ロケットストーブ

ロケットストーブは、コンパクトストーブの燃料用のホワイトガソリンを中心部にかけてから着火します。

定番タイプのスウェーデントーチ

固形タイプの着火剤を、隙間に入るようにちぎって差し込んだら、着火用ライターで着火剤に火を着けます。

PART 2　ブッシュクラフトにチャレンジ！

04 山にシェルターを構築する

丸太を使ったシェルターづくり

アドバイザーとして使わせていただいている森林レンタルシステム「forenta」で、冬をどうやって快適に過ごすか？　その答えが丸太を使ったシェルターづくりでした。それまでに焚き火の風よけ程度の小さなリフレクターはつくったことがありましたが、下に入って寝泊りができる大きなものは初挑戦です。

forentaの森は、当初、重機を使った整地や、ある程度太い木の伐採も可能でした。現在はルールが変更になっていますが、私がシェルターをつくったときには、自由に作業することができました。

シェルターづくりのテーマは、その

土地にある材料を使うこと。シェルターの柱は、森にある太い針葉樹2本を使いました。それに丸太の横柱をくくりつけ、丸太を立てかけていく構造です。

真冬にこの下で寝るには、さすがに寒すぎるので、ブルーシートで囲いをつけ、暖をとるためペール缶の薪ストーブも自作しました。一酸化炭素中毒にならないよう、煙突から煙が外に出るように工夫しています。

できあがったシェルターを見て「チョー、かっこいい!」と感動。しばらく、そこに立って見とれていました。

真冬の雨のなか、シェルターの下で眠り、料理をつくり、作業をしましたが、予想以上に快適で驚かされました。ワイルドながら、テントとはまた違う、守られているような感覚を体感できました。

1
最初に自分でショベルカーを操縦して整地しました。切り出した木は、ある程度、短く切って運びます。

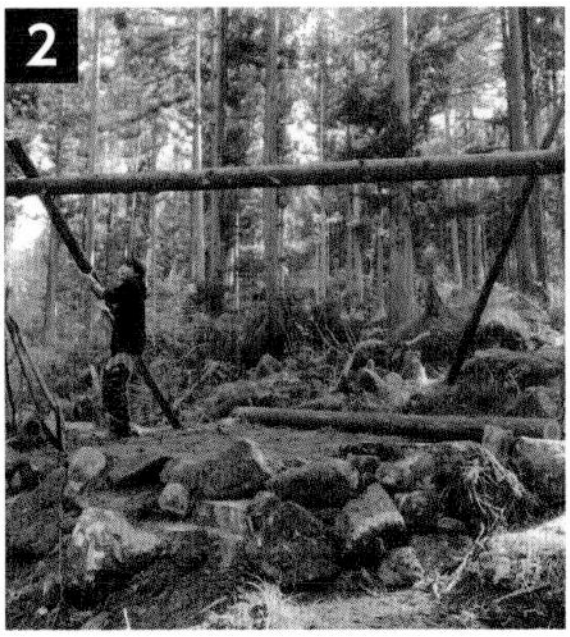
2
あらかじめ柱にしようと決めていた2本の木に、横方向の丸太を渡し、ロープで固定します。そのうえに壁となる丸太を積んでいく構造です。

3
丸太を上げるときには、さすがに1人では無理なので、数名の方に手伝っていただきました。何重にもロープを巻いていきます。

4
念のため、縦方向にも丸太を使った柱を1本入れてから壁となる丸太を並べていきます。だんだん、それっぽくなっていきます。

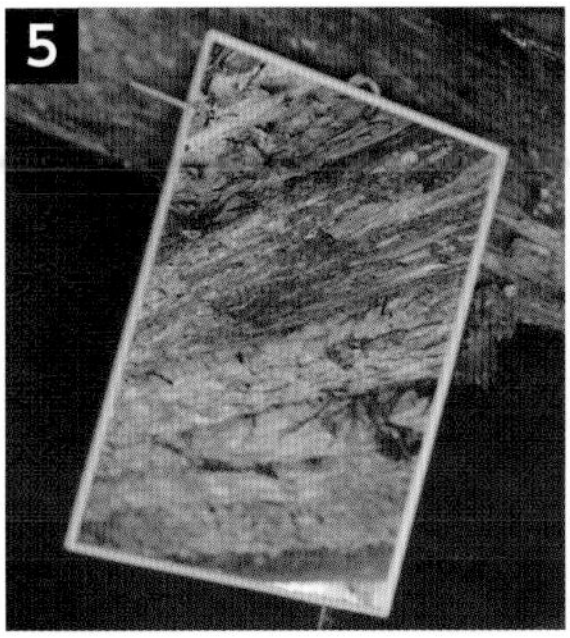
5
シェルターの中には、鏡を取り付けました。朝起きたら、身だしなみもしっかりと。ちょっとした工夫で快適さがアップします。

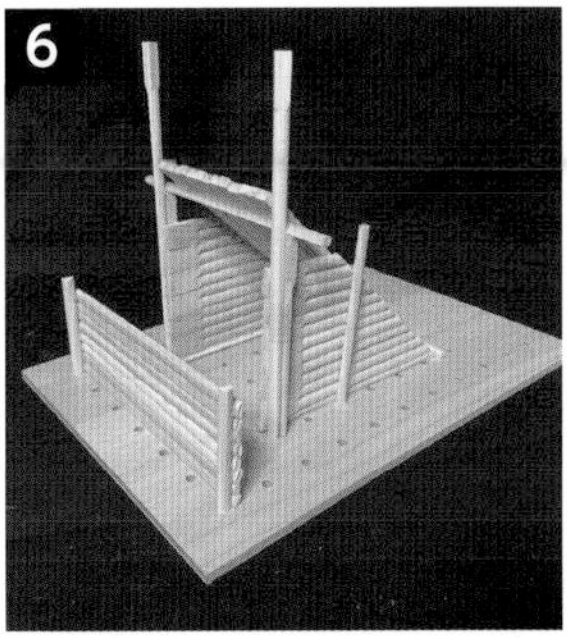
6
これが当初の予想モデル。イメージをつかむためこれも自作しました。短期の利用を想定し、それに見合った強度のものをつくりました。

チェアづくり

トライポッドの要領で枝を組み、それをベースにしたカッコいいチェアのつくり方を紹介します。

必要な道具は、帆布《はんぷ》、ヒモ4本、拾った太めの枝を4本。道具は、ノコギリを使います。

帆布は、自宅でミシンを使って縫って、上下にヒモを通す輪っかをつくったものを用意しました。枝は、なるべくまっすぐで丈夫そうなものを探します。腐っているものは、途中で折れてしまうので、少し曲げて強度を確認します。

枝の両サイドを切って約130cmのものを3本、100cmのものを1本つくっておきます。そして、トライポッドづくり（→P32～33参照）と同じ手順で、上の部分をヒモで縛ります。3本の枝の下側の位置を揃えるのがコツです。

3本でつくったものを起こし、下側を開いて立てます。続いて、背もたれをつくります。帆布の上の輪っかのところに、ヒモを通します。細い枝をピンのように使って、ヒモを通すと簡単です。

そして、下の輪っかに長さ約1mの枝を通します。そうしたら、帆布を脚に取り付けます。まずは上から。あとで背もたれを調整するので、真ん中の枝に引っ掛けて軽く縛っておきます。

帆布の下側を通した枝の左右を、脚となっている枝の左右にそれぞれ結びます。2本の枝にヒモを交互に巻いて、しっかりと留めます。最後は巻き結び（→P116参照）で。

背もたれの張り具合を確認しながら、快適に座れる位置を探して、上側のヒモを結べばできあがり！

今回は、太くて丈夫な枝が見つかったので、かなりカッコいいチェアができあがりました。ここまで太い枝は、なかなか見つからないかもしれませんが、もしあったらぜひつくってみてください。

森の中で見つけた材料でつくると、まるで森の一部のような素敵な道具に仕上がります。これに座ると、森で過ごす時間がさらに豊かになるでしょう。

用意したのは、帆布(自宅であらかじめ加工したもの)、ヒモ4本(今回は綿のヒモを使用)、ノコギリ。このほか森を歩いて探した枝をちょうどいいサイズに切って運びました。

3本の枝の上部にヒモをかけて結びます。3mぐらいのヒモを使用してしっかりと巻きました。

輪っかをつくった帆布の上側にヒモを通します。枝の先にヒモを引っ掛け、それをピンのように使って通しました。

短い枝を、帆布の下側にあらかじめ縫製してつくっておいた輪っかに通します。

上側のヒモを脚の真ん中の枝の先に引っ掛けて軽く結びます。この時点では仮止めです。

帆布の下側の枝を、左右の脚にそれぞれヒモで結びます。上下の枝を交代にしっかり巻きます。

試しに座りながら、心地よいポジションになるように、上のヒモを調整して縛ります。

できました。今回は太い枝でつくったので、見た目にもかなり迫力のあるカッコいいチェアが完成しました。

テーブルづくり

テーブルは、使用する場所とその周辺にある材料との兼ね合いによって、つくりやすくて使いやすいものを考えます。ここで紹介するテーブルは、私が買った山（↓P46～47参照）にあった材料でつくったものです。

長期間、山にこもって下草刈りや間伐などの整備をして、そのときに出た廃材を使っています。キャンプスペースをつくるために切った木があったので、ちょうどいい材料がたくさんありました。木もまだ新しく、種類が同じで太さも同じぐらいなので、見た目もきれいで立派なテーブルができました！

材料は、長さ70㎝ぐらいに切り出しておいた直径8㎝ぐらいの枝が9本と、高さ30㎝ぐらいの丸太4本をそのまま使っています。まっすぐで太い枝はなかなか見つからないと思うので、手に入る材料でやってみてください。枝を確認して、細い枝や節があったら、ナイフで切り落としておくと作業がしやすくなります。ほかには、太めの麻縄を用意しました。

まずは、脚になる丸太の位置を決めます。天板にする枝を並べて、サイズを出して、その四つ角に丸太を配置します。

丸太は、地面を掘って上部の高さを揃えます。このときは、枝を使って掘ったのでけっこう大変でした。ショベルを用意すると簡単にできます。

脚の準備ができたら、天板を組みます。2本の枝の上に7本の枝を並べて、麻縄で縛っていきます。1本目の枝に巻き結びしたら、2本目の枝の上から通して、グルッと1周巻いたら、次に3本目の上から通します。これの繰り返しで端まで縛ってください。端までいったら巻き結びでしっかり留めて、残った麻縄を切ります。もう一方も同じようにしてください。ここまでできたら完成です。

板でつくったテーブルみたいに、天板が平らじゃないけど、食事をするときや、クラフトをするときの台として便利に使えます。その土地にあった樹木でつくることで、周囲の雰囲気との一体感があるイメージのテーブルになりました。

天板に使う枝は、まわりを確認して、小さな枝が出ていたら、ナイフで切り落としておきます。

ベースに使う2本の枝を決めます。その上に、天板に使う枝を載せて、天板の大きさを決めます。

天板の四隅を支える丸太の位置が決まったら、丸太を置く下の土を掘ります。穴に丸太を埋めて、4本の上部の高さがだいたい揃うようにします。

丸太の上に枝を載せてみます。枝が転がり落ちなければOKです。

端を巻き結びして、木の間を編むように麻縄を通します。上から下に1周巻いたら次の枝を巻きます。端まで巻いたら最後は巻結びで留めて、反対側も同じ手順で縛ります。

山のキャンプスペースに、素敵な森の隠れ家のテーブルができました。このときはすぐに崩す予定だったので、枝と枝の連結は簡易的な縛り方でつくりました。

コラム #02

20代女子、山を買う

2019年にYouTubeのチャンネル登録者数が10万人に達しようとしたところ、「自由に使える場所があったらな」と考えはじめました。

それから数カ月後に、なんと「山を買わないか?」という打診が知人からあったんです。その年の12月に実際に山を見て、その月のうちに購入を決めました。広さはだいだい300坪くらいです。

山というには狭いと感じるかもしれませんが、シンプルな道具でキャンプをしたり、動画を撮影するには、これくらいの広さがちょうどいいと思いました。

その場所は、標高が1000m以上あり降雪量も多いため、冬の間は放置してありました。4月になって、もう大丈夫だろうと山に出かけてキャンプをしてみたら、まさかの雪。山キャンデビューがスノーキャンプになっちゃったんです。信じられないぐらい寒かったけど、自分で買った山で寝る夜は最高の気分でした。

4月でこの雪!! これは朝、凍えながら火を起こそうとしていたときの私の様子です。

そのあと、新型コロナウイルスの感染が拡大し、緊急事態宣言が発出されました。ライブハウスが休業して、アイドル活動もできなくなってしまい、ならばと、山に引きこもることを決めました。

どうせなら、この機会にしかできないことをやってやろうと。長い間、山にこもり、キャンプをしたり、サバイバルの訓練を快適にするためのスペースづくりにも励みました。

まず、スペースを広げるために邪魔な木を切り、斜面だった場所を平らに整地しました。チェンソーの操作も、だいぶ慣れました。スペースができてからは、下草刈りなどもしました。

じつは、下草刈りが思った以上に大変で、夏の間は、行くたびに下草がボーボーになり、毎回、草刈機で刈る作業に追われました。

近くの川で釣ったアマゴを食べたり、焚き火で料理をしたり、ブッシュクラフトをしたり。

実際に買って同じ場所に通うようになって感じたのは、季節の移ろいです。同じ道を通っていても、「あ、こんなところに、こんなきれいな花が咲いている」という発見があったり、きれいだった新緑が、やがて見事な紅葉になるという季節の移り変わりを感じたり。なんて具合に、景色にも目がいくようになりました。それに、夜空に輝く満天の星がきれいなこと。

今もここに出かけては、ゆっくりと山の時間を楽しんでいます。

PART 3
焚き火を楽しもう!

キャンプといえば焚き火!
暖をとるにも、調理をするにも欠かせません。
あえて原始的な着火方法を試みることは、サバイバル能力を高めます。
まずは焚き火アイテムの使い方や、着火に適した素材などを学びましょう!

PART 3　焚き火を楽しもう!

01 アウトドアに欠かせない焚き火をしてみよう!

焚き火は山の頼れる万能選手!

焚き火は、山生活での基本中の基本。私は山でキャンプをしたときには、必ずと言っていいほど焚き火をして過ごしています。料理をするときはもちろん、寒い季節には暖をとることもできます。夏なら、煙を出して虫よけにもなるし、夜になれば灯りとなって、真っ暗な闇を照らしてくれる。そう、焚き火は山で過ごすときの頼れる万能選手なんです。

もちろん、どんな天気のときでも瞬時に着火できる、ガスカートリッジ式のバーナーを使って料理をすることもあるし、スイッチひとつで明るくなる、LEDランタンの下で作業をすることもあります。

でも、山で過ごす時間を積み重ねるほど、焚き火でできるだけのことをやるということが、自然に増えていきました。**理由は、単純にそれが楽しいからです！**

焚き火に秘められた不思議な魅力

まずは愛着のある焚き火台を組み立て、バトニング（↓P21参照）で薪を細くしてから、フェザースティックをつくり、ファイアスターターを使って着火する。**実はいつも「うまく着くかな？」って、ドキドキです**。うまく着火できたら、そのあとは、火の様子を見ながら薪をくべたり料理をしたり。

焚き火をいじっているときには、なんともいえない楽しい感覚を味わえます。

それに、火を見ていると、不思議と落ち着きます。年齢や経験にかかわらず、**焚き火で得られる幸福感や高揚感は、人間のDNAに刻み込まれた本能的な喜びなのかもしれませんね**。

焚き火に使う薪は、いつも岐阜県東白川村産の「東濃ひのき」を選んでいます。たまたま近くのホームセンターで見かけて買ったのですが、着火しやすく火持ちがよかったので、それからはこの薪を使うようになりました。

その後、東白川村にあるforentaのアドバイザーになったとき、「あ、この薪だったんだ」ってプチ感動。目の前に広がる豊かな森に育まれた木材を使い、その森で焚き火をしながら過ごすことは、野外生活のスキルを上げること以上に、癒しの時間となっています。

かほなん愛用の焚き火台は？

焚き火に使う道具を紹介します。焚き火台はいくつか持っていますが、今最も出番が多いのが、ブッシュクラフトというメーカーの「ウルトラライトファイヤースタンド」というモデルです。

チタン製の細いフレームと、ステンレスメッシュでできた焚き火台で、コンパクトに畳めて軽いところが魅力です。組み立ても簡単で、フレームにメッシュ部分をセットするだけ。組み立てたときの火床のサイズが、35×44㎝と大きく、長い薪をそのままくべられるので、とても実用的です。

さらに、オプションの「ステーブルスキッド」と「たき火ゴトク」を使うことで、飯盒やクッカーなどを載せて

ブッシュクラフトの焚き火台。小さくたためて軽いのに、展開すると薪をそのまま置けるサイズを確保できます。地面との空間に酸素が流れるため、直火の焚き火よりも効率的。

料理をすることもできます。

私の場合、山では基本的には焚き火台を使います。理由は、**焚き火台を使った方が、効率よく火を灯せる**からです。薪が燃えるときには、大量の酸素を必要とします。メッシュの火床を持つ焚き火台は、火床の下を絶えず酸素が流れているため、地面で火床の下を塞いでしまっている直火より、効率よく焚き火ができるんです。

焚き火台は、地面にダメージを与えにくいよう、少し高い位置に火床を置くタイプが一般的。この焚き火台は背が低いので芝生のような環境には向いていませんが、私のフィールドでは重宝しています。

ただし欠点があるとすれば、ステンレスメッシュが熱に負けて穴があくこと。出番が多いということもあります

が、年に2~3回は、メッシュの部分だけを買い替えています。しかしそれを差し引いても、持ち運びやすさと使いやすさでこの焚き火台を選び、持っていく日が多くなります。

少しの油断が大惨事に 火の扱いには注意を

このほか、私が焚き火台を使うときに注意していることを紹介します。

焚き火台を設置するときには、必ず地面を見て、落ち葉がない場所を選びます。秋など、落ち葉が多いときには、葉に燃え移らないよう、除けてから焚き火台を設置します。

薪は、少量の水をかけた程度では消えません。焚き火を終えて鎮火するときは、完全に燃やし切るか、火消し壺を持って行き、そこに残った薪や炭上のものを入れ、完全に鎮火させて、持ち帰るようにしています。

シェルターに常に置いてあるキャプテンスタッグの火消し壺。中に燃え残った炭や薪を入れて蓋を閉めます。

しばらくすると内部の酸素がなくなり、鎮火します。これは、炭をおこすときにも使えるタイプです。

ほかには、**燃えやすいナイロン製のテントやタープに、極端に近い場所で焚き火をしない**よう注意しています。

万が一、山火事を起こしてしまったら、楽しいキャンプが大惨事になってしまいます。**火を取り扱うときには、油断せず、責任ある行動を心がけています**。

⚠ 焚き火は、法律や条例、または土地の所有者によって禁止されている場合があります。焚き火を行う際は、必ずその点を確認してから行うようにしてください。

PART 3 焚き火を楽しもう!

02 自然にあるもので火を起こしてみよう!

自力で火を起こすというロマン

普段火を起こすときには、ファイアスターターをナイフの背で削って、ほどいた麻縄や杉の葉に着火し、それを使ってフェザースティックに引火。そこから、少しずつ太い薪をくべて、火を育てるプロセスを踏んでいきます。

市販の着火剤を使えばすむことを、わざわざ不便な道具でやってみる。最初は難しくてなかなか着火できませんでしたが、一度コツをつかむと、すっかりハマってしまいました。**自力で火を起こすことは、キャンプテクニックのなかでも、とりわけ充実感を得られます。**「これこそがロマンではないか」と考えるほどです。

そんな意味でも、最も使用頻度が高

いのが、ファイアスターター（メタルマッチ）です。いつも使っているものは、全体がマグネシウムでできていて、そこにフェロセリウムの着火棒が埋め込まれたものです。

着火剤として使うボディのマグネシウムをナイフで削って、小枝や落ち葉などに振りかけておくと、着火性が高まります。

準備ができたら、フェロセリウムの部分をストライカーやナイフの背でスピーディに削り、火花を散らします。

もしものときに備えて火種は2つ以上用意

市販のマッチは、頭薬（先端の火が着く部分）にマニキュアを塗るだけで防水マッチとなり、10分くらい水につ

麻ひもをほぐしたものは、簡単に着火できます。ファイアスターターのマグネシウム部分を削った粉をかけると、さらに着火が容易に。

着火剤めがけてフェロセリウム（黒い棒状の部分）を削ると火花が飛んで着火します。

マッチの先端にマニキュアを塗って乾かすだけで、マッチは防水仕様になります。

けてから擦ってもしっかり着火できました。私はもしものときのために、バッグに入れてあります。

もうひとつ、レスキューバッグに入っているのが、フリント式ライター。ライターには電子式とフリント式がありますが、電子式は標高が高いと点火しにくくなるので、非常用として買うときには、必ずフリント式を選びます。

ライターを持つようになったきっかけは、とあるクッカーの取扱説明書に「万が一、本体にある着火装置が故障した場合に備えて、ライターを持つことを推奨する」とあったから。

2つ以上の火種があれば、1つが使えなくなってもなんとかなります。特に山で火種がなくて調理ができないと、生死に関わる可能性も。常に最悪のことを考えて準備しておきましょう。

燃料に適した木や葉を探す

燃料は普段、すぐに使いたいので、薪はよく市販のものを使っています。しっかり乾燥していて、使いやすい長さに揃えられているので、日数の限られたキャンプでは、これを使わない手はありません。

しかし2020年、新型コロナウイルスによる影響で外出することもままならなかったため、長期間を自分で買った山で過ごした時期がありました。薪を買いに行くこともできず、山の中にある自然のものを燃やして暖をとったり、料理をしたりする生活を体験しました。

焚き火の燃料として使えるのは、よく乾いた樹木や落ち葉です。なかでも**針葉樹の木の皮はよく燃えます**。皮がついた樹木を見つけたらラッキー！　ナイフで薄く剥がして、焚き付け用にします。

そして、**森に落ちているもので便利なのが、杉の葉**です。葉に油分があるためか、乾いていれば、本当によく燃えます。これさえあれば、もう火起こしはもらったようなものです。

ただし、**青々とした落ちたばかりの葉は、水分をたっぷりと含んでいるため、火が着きにくいので注意**。

このほか、私が使っている山にはあまりないのですが、乾いたマツボックリもよく燃えるので、着火材として便利です。

倒木や落ちた枝は、薪として使えます。ただし、乾いていればの話。**湿っていると火が着きません**。

長期的に薪を乾かしておける場所がある場合、薪を集めたら、大きさや長さを揃えて保管すると、次に使うときに便利です。太いものは、細く切って保管すると乾燥が早くなりますよ。太いものは、薪としてだけではなく、ウッドクラフトの材料として使うこともできます。

細いものでも、切らずに取っておけば、トライポッドなどをつくることもできます。**キャンプ場でも、乾いた薪や枝を手に入れたらタープ等の雨除けの下に入れて保管しましょう**。急な雨や、就寝中の雨によって濡れてしまっては大変です。私はコンテナボックスに薪を入れて持ち運んでいます。濡れなくて、運搬も楽でおすすめですよ（→P111参照）。

乾燥した木の皮は、とてもよく燃える自然の着火剤です。細かく裂いて使います。

木の下など雨に当たりにくい場所を探し、比較的、乾いた倒木や枝を集めて使います。立ち枯れした木も燃やせます。

青々とした葉は、水分が多すぎて燃えません。煙もたくさん出るので、焚き火には向きません。

枯葉も優れた着火剤として便利に使えます。

切り出したまま放置していた丸太。これも乾いていれば、細く割って薪になります。斧などを使って、細くして、雨に当たらないように積んで保管して、さらに乾燥させます。

乾いた樹皮と杉の葉を集められたら、着火は簡単にできます。広葉樹の落ち葉も、乾いていればよく燃えます。これらは天然の着火剤です。

悪天候時の対処法

キャンプをしたり料理をつくったり、**外で過ごすときは、いつも晴れているとは限りません**。雨が降って火が起こせないと、とっても困ります。そこで、私が自分の山でやっている、雨が降っている環境で火を起こすサバイバル術を紹介します。

まず、適当な木を探して、その表面の樹皮を１枚めくっちゃいます。「ごめんなさい！」。

実は、**木の皮の下は雨の日でも乾いていることが多いんです。それを使えば、バッチリ火が起こせますよ**。

まず、少しだけめくった木の皮を濡れないようにしながら、めくったあとの木の表面をナイフで削ります。その粉が火種になります。

1 針葉樹の樹皮は剝がしやすいので、こんな木を探してください。表面の樹皮を、手でめくります。

2 めくったあとの乾いた部分を、ナイフで削って粉を作ります。樹皮は、表面を細かく削って、繊維状にします。

3 ファイアスターターで着火。粉に火が着いたら、小さな樹皮から順に大きなものへ火を移します。

剥いできた樹皮は、ナイフで表面を削って、細くて短い繊維状のものをつくります。そして、１～２枚だけ細く裂きます。次に、焚き火台などの上に小さくした繊維状の樹皮と、粉にしたものを載せます。

私が使っているファイアスターターは、着火用のフェロセリウムを覆うように、マグネシウムがついています。このマグネシウムを削ると着火剤になるので、それを木くずの上にかけます。

あとはフェロセリウムの部分をナイフで擦って、火花を散らして着火させるだけ。木くずに火が着いたら、細かくした樹皮、少し大きな樹皮と、だんだん大きな樹皮に火を着けます。台風のような豪雨のなかでは難しいかもしれませんが、普通の雨の日ならこんな方法でも火が起こせます。

コラム #03

愛用バーナーの工場見学へ！

山ごはんやキャンプ飯をつくるときに、よく使っている「SOTO」のシングルバーナーが、どうやってつくられているのかを知りたくて、愛知県豊川市にある新富士バーナー株式会社の本社兼工場を訪ねました。

最初に案内していただいたのが、店頭のディスプレーをイメージした「シミュレーション室」です。工業用のガストーチなど見たことがない製品がいっぱいありました。もちろんアウトドア好きにお馴染みのSOTOのストーブやランタン、鍋、燻製関連の商品もずらり。

海外のアウトドアショーや雑誌に表彰された際の賞状や楯などもあり、あらためてSOTOというブランドの技術力と、評価の高さを知ることができました。

そのあとには、マイクロレギュレーターが付いたストーブと、付いていない製品で、気温の変化による燃焼性能がどう変わるかの実験を見学。25℃くらいでは、両機とも力強く燃焼していました。ところが、マイナス5℃と同じ状態にすると、レギュレーターなしの製品の炎は、明らかに弱くなりました。ところが、レギュレーターありは、変わらず勢いよく燃焼しています。

「外気温が下がると、ガスが気化する量が減ってしまい、通常の製品では、火力が落ちてしまいます。これに対して、レギュレーター付きは、マイナス5℃程度でもちょうど良く燃焼するように、ガスの出る穴を大きく設計しています。そのため、ガスの量が少なくても、ちゃんと炎が出るんです。そして、気温が高くなっても、レギュレーターがガスの出る量を制御するため、効率よく燃焼できます」

広報担当の坂之上丈二さんが親切に実験の様子を解説してくれました。

このほか、バーナーのヘッドの形状によって、風に強かったり、炎の形が異なったり、さまざまな実験を見学。

工場内では、これでもか！　というぐらい、安全テストを繰り返して、製品が組み立てられていました。小さな隙間からガス漏れがないように、1／100㎜単位の精度で生産が行われているそうです。顕微鏡を使った繊細な組み立てを経たバーナーは、水没させて気泡が出ないかを1点1点確認したり、着火した状態で火をあてて、ガス漏れがないかを確認したりしていました。

こうして社内の厳しい検査を通過した商品は、ロットごとに「日本ガス機器検査協会」の検査を受け、これに合格してはじめて「PSLPG」マークを表示することができるそうです。

坂之上さんからは「ネットで買える安価な製品のなかには、この検査を通っていないものもあります。楽しいキャンプや山歩きで事故を起こさないためにも、購入の際には、PSLPGマークの有無を必ず確認してほしいです」

とアドバイスをいただきました。

驚くような精度で、1台1台、人の手で組み立て、丁寧に検査。それが、事故やケガのない楽しいアウトドアライフを陰で支えてくれていることを実感できました。工場を見学させていただいて、ますますSOTOの製品が好きになりました。

新富士バーナーは1978年に工業用のトーチランプの製造からスタートし、1992年からSOTOというブランド名でアウトドア市場に参入。代表取締役社長の山本晃さん（左）が丁寧に教えてくれました。

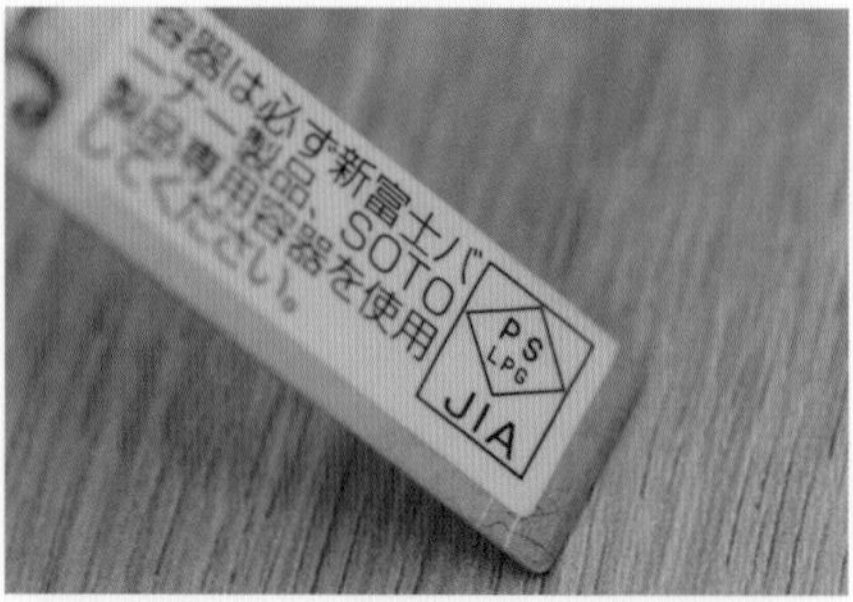

安全にアウトドアライフを楽しむため、ガス製品を買うときには、必ず「PSLPG」マークがあることを確認しましょう。日本国内で販売する際に義務付けられている検査をパスしたものだけが、このマークを表示できるそうです。

PART 4
自然の水を有効活用しよう!

命の源でもある水ですが、緊急時には意外と手に入らないものです。
また、安全でない水を飲んで、体調を崩す危険性も。
ここでは、自然の中から安全な水をつくり出す方法や、
川の水を使ったドラム缶風呂の入り方などを紹介します!

PART 4　自然の水を有効活用しよう！

01 もしものときに水を手に入れる方法

自然の中から飲み水を生み出す

キャンプ場なら水に困ることはありませんが、水場のない山を長時間歩いたり、キャンプ場以外の場所でキャンプをするときに、その場にあるものから飲み水を確保できる知識があると、サバイバル能力がグンとアップします。

私の場合は、無人島で暮らすことを目標としていますので、水の確保は必須です。「どんな方法がいいんだろう？」「このやり方は、ちょっと失敗だったかな？」と、思いついたらその都度試行錯誤しています。

結果からいいますと、**一番安全なのは浄水器を持ち歩くこと**。コンパクトで持ち運びがしやすく、細菌レベルで浄化できる浄水器を持ち歩いていれば、沢や水たまり等から水を汲んで飲み水を確保できます。

私は、ペットボトルの先に取り付けて使う「ソーヤーミニ」という浄水器を持ち歩いています。使いやすく信頼できるので、これひとつあれば**災害時にもきっと役立つ**と思います。

続いては、そんな便利な浄水器がなくても困らない、水を確保する方法を紹介します。

雨の日なら、タープを張って缶やクッカーに雨水をためることができます。

草が生えている季節なら、ビニール袋に草を入れ、それを日向に置いて、蒸発した水を集めることもできます(この方法でつくった水は、少し草の臭いがしました)。

泥水から飲み水をつくることもできます。まず、大きな鍋に泥水を入れて

ソーヤーミニは、バクテリアや微生物もろ過できる浄水器です。付属のストローをつければ、水たまりから水を直接吸って飲むこともできます。

汚れた水をペットボトルに入れ、その先にソーヤーミニを取り付けます。ペットボトルに直接取り付けできるので、とても使いやすいです。

ペットボトルを押して、カップに水を注ぐと、ろ過された安全な水を確保できます。口をつけてろ過された水を直接飲むこともできます。

煮ます。鍋の中(中央)に空の容器を置いたら、鍋の蓋を裏返して閉めます。蒸気が蓋につき、ツマミに向かって流れ、それが落ちて、空の容器にきれいな水が溜まる仕組みです。

最後にペットボトルを使った浄水器のつくり方。まず大きさの異なる砂利を2種類と、洗って煮沸した備長炭、綿の布を用意し、ペットボトルは底を切り取ります。口のほうから、綿の布、粗い粒の砂利、布、くだいた備長炭、布、粒の細かい砂利、布の順で入れていきます。

水を受けるコップなどを置いたら、上から泥水を流し込んでみましょう。さすがに1回では濁りが薄くなる程度ですが、何度か繰り返すうちに透明の水になります。とはいえ細菌は除去できません。この水を使う場合には、必ず煮沸してください。

鍋を使う方法

1

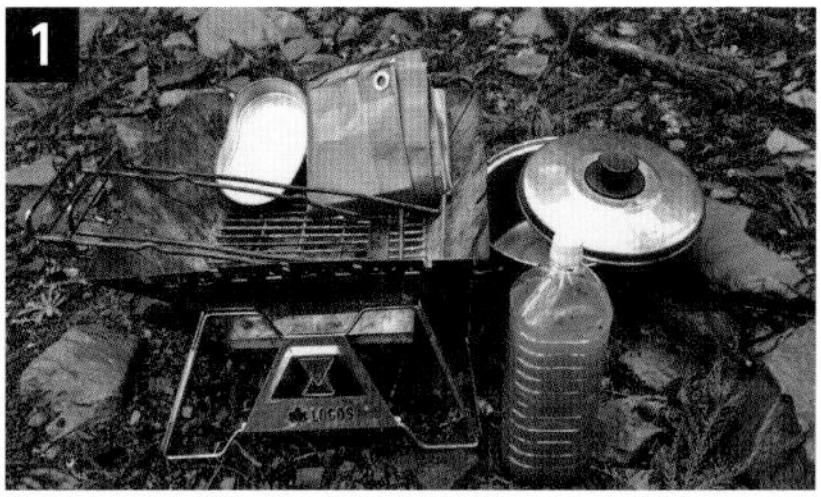

焚き火台と鍋で泥水から水を確保する方法を紹介します。鍋は、ツマミが付いた蓋があるもの。ほかに、水を受ける容器が必要です。

2

大きめの鍋に泥水を入れ、焚き火台に載せて沸騰させます。石を入れて、水を受ける容器を置く台をつくっておきます。

3

鍋の真ん中あたりに、水を受ける容器を置きます。このときは、飯盒の蓋を使いました。鍋の蓋を逆にして、ツマミが鍋の中に入るように被せます。

4

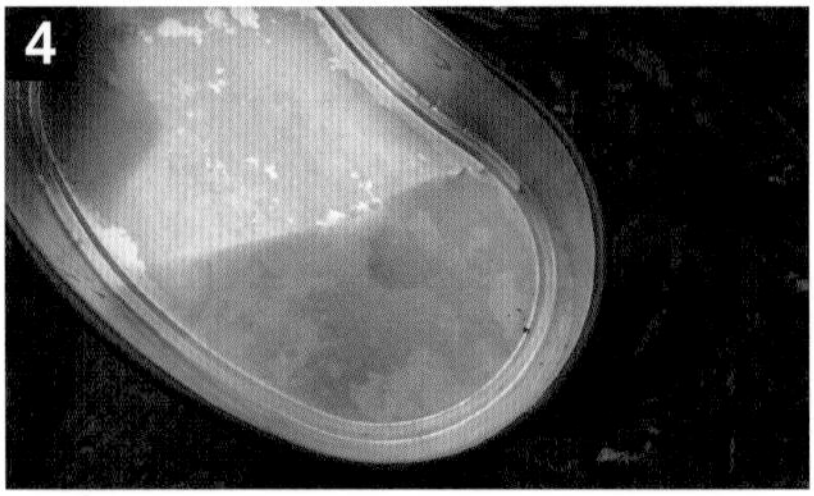

沸騰して蒸発した湯気が鍋の蓋にあたり、それがツマミに向かって集まり、ポタポタと容器の中に落ちます。こうして水を確保できます。

ペットボトル浄水器

1

ここでつくった簡易浄水器は、砂利（粒が細かいのと少し粗いものの2種類）、備長炭、綿の布、ペットボトルを使いました。

2

ペットボトルは底を切り取り、口の方から、綿、砂利（粒が大きい方）、綿、くだいた備長炭、綿、砂利、綿の順に入れます。左の茶色い泥水がどうなるか？

3

簡易浄水器の下に水を受けるコップなどを置き、上から泥水を注ぎます。これは、数回浄水を繰り返した状態です。

4

見た目には、かなり透明になりましたが、細菌は残るので、必ず煮沸してから使います。このような方法を知っておけば、緊急時でも慌てず対処できるはずです。

PART 4 自然の水を有効活用しよう!

02 ドラム缶風呂に入ってみよう!

憧れのドラム缶風呂が現実に!

いつか挑戦したいなと思っていた、憧れのドラム缶風呂を遂にやってみました。大自然の中で、川のせせらぎを聞きながらのんびりお風呂。これは最高の気分になれるに違いありません。考えるだけでもワクワク。楽しそうじゃないですか。

ただ、普段活動している場所は水源が遠く、大量の水が必要なドラム缶風呂を準備するには、厳しい条件でした。

しかし、幸運にもテントサイトのすぐ横に清流がある、岐阜県の板取キャンプ場に協力していただいたおかげで、憧れのドラム缶風呂を実現できました。

では、つくり方、入り方を紹介しましょう。ドラム缶風呂に必要なのは、ドラム缶、コンクリートブロック、水汲み用のバケツ、ドラム缶に入るときに使う脚立。今回は、焚き火台も使いました。ドラム缶は、ホームセンターで１５００円ぐらいで買えます。最初から蓋があいたドラム缶だったので、とくに加工する必要もありませんでした。

準備は、まずドラム缶を置いたときにガタつきがないように地面をなるべく平らにします。その上にコンクリートブロックをコの字に並べて、その中に焚き火台をセットします。

コンクリートブロックの上にドラム缶を載せて、グラグラしなければＯＫです。バケツで川から汲んできた水を入れ、火を起こして、とにかく強火で湯を沸かします。

ドラム缶の底が熱くなるので、火傷をしないよう、ドラム缶風呂の底に踏み台用のブロックを入れました。一般的にはスノコを入れると思いますが、スノコの高さでは熱が足に伝わるので、高さのあるコンクリートブロックを使いました。

ドラム缶風呂は、水を運ぶのが大変なので、水場の近くで楽しみます。地面を平らにしたら、コンクリートブロックをコの字型に置きます。

コンクリートブロックの上にドラム缶を置いたら、川から水を汲んで入れます。入る人の体格にもよりますが、今回は3分の2あたりまで入れました。

火を起こして湯を沸かします。できる限りの強火でガンガンと。祖父の家で薪でお風呂を焚いたことを思い出します。

ドラム缶は熱くなり、安定性もあまりよくないので、ドラム缶に無理に体重をかけて入らないことが大切です。脚立などを使うと入りやすくなります。

ドラム缶風呂に入ってみると、「は〜〜最高〜〜！」と自然に口に出るくらい気持ち良かったです。かなり寒い日だったので、お湯の中は想像以上の極楽で、上がったあとは、しばらく体がぽかぽかでした。

河原で、木々や空を見上げながら、静かに温まる。本当に贅沢な時間です。

コラム
#04

年6万で山をレンタルできる!?

焚き火をしたり、料理をつくったり、キャンプをして過ごしたり。1人で自由に使える場所が欲しくて、2019年12月に最初の山を買った話は、PART2のコラムでご紹介したとおりです。

これとは別に、2020年の夏ごろに、岐阜県東白川村で60年以上林業に携わる株式会社山共という会社から、山に関するご相談がありました。「森林を活用するため、山を売るのではなく、キャンパーに貸して、自由に楽しめるサービスを提供したい。しかし、自分たちにはキャンプのノウハウがなく、アドバイザーを探していたところ、同じ岐阜県内で活動する『かほなん』さんの存在を知り、声をかけてみました」

山共の3代目代表・田口房国さんに、そんなお話をいただいたときは、本当にうれしかったです。自分で山を買ってわかったのですが、「山を買う」というのは、やはりハードルが高いんです。

夏場は毎回、草刈りが必要だったり、自分で木を切ったり、整地をして使えるスペースを確保したり。ときには、自然災害も起こります。キャンプ目的で山を買ったものの、思った以上にハードで、いつしか通わなくなり、山が荒れてしまうなんて話も耳にします。

だから、買ってしまわずにレンタルで一定期間、占有できる場所を借りられるなんて、素敵なアイデアだと感じました。もちろん、即、協力させていただきました。

秋になり、初めて現地を視察しました。岐阜の中心部や名古屋市からでも、車で2時間弱で通えるアクセスの良さに驚きました。レンタルする森は、林業のために植林された広大な針葉樹林で、明るく気持ちの良い場所です。近くには小さな沢があるので、水の流れる音が聞こえたり、鳥の声もにぎやかでした。

山共が所有する森は、400ヘクタール（約121万坪）。そのなかの一部が、レンタルサービス用に使われます。1区画は300坪（約1000㎡）。

使ってみてわかったのですが、キャンプをするには、自分1人で手入れができる程度の広さがちょうどいいなと感じました。３００坪という広さは、１人で整備することもできるし、周囲との距離もある程度保てる絶妙な広さだと思います。

20年11月には、正式にリリースされました。名前も『forenta』(forest=森、rental＝貸すの造語）と決まり、ウェブサイトもオープン。同時に、利用者の募集も開始となりました。

当初９区画を募集したところ、すぐに１４０以上の応募があり、急遽スペースを追加したそうです。それもそのはず、利用料金が、年間わずか６万円とお手頃で、forentaの敷地内に生えている山菜やキノコも採っていいのですから。

昨今のキャンプブームで、キャンプ場は、平日でも大混雑しているそうです。その点、forentaなら、予約不要でいつでも自由に使えます。しかも、シェルターをつくったり、規約の範囲内であればある程度自由に自分の使いたいように手を入れることができます。

また、細い木なら切って使うこともできます。憧れの秘密基地を気軽につくれる魅力的なシステムではないでしょうか？

私も１区画を利用させていただけることになり、一般の方より一足早く、11月から整備を始めました。

最初に下草を刈って、作業をするための動線を確保します。重機の使用は現在は禁止されていますが、当時はＯＫだったので、ショベルカーを使って整地をしました。

手を入れる前の森は、伐採された切り株を苔が覆い、草がたくさん生えていてジャングルのような印象でした。

まずは下草刈り。自分が使うブースを整備するための動線を確保します。シェルターに使う木は、自分でチェンソーを使って切りました。

大きな岩がゴロゴロ出てきて、排除するのに時間がかかりましたが、斜面を掘り、今度は、掘った土を別の斜面に移動して、テントを張れる平らなスペースを3カ所確保しました。

その後は、10m以上ある木をチェンソーで切り出し、枝をはらい、人力で運び、シェルターをつくり始めました。東白川村は雪があまり降らないそうですが、本格的な冬が来る年末までに何とかシェルターを完成させたくて、何度も通って完成させました。

丸太を使ったシェルターは、簡易的なものではありますが、雨や雪を除けてくれ、寒い時期を快適に過ごすことができました。シェルターづくりについては、ＰＡＲＴ２をご参照ください。

整地をする際に、シェルター用のスペースのほかに、2カ所、平らなサイトをつくりました。今は、そこで撮影をすることもあります。

最初に購入した山は、標高が１０００ｍ以上あり、冬はかなりの積雪があります。そこに比べると、第2の山の拠点となるforentaは雪も少なく、寒さも多少ゆるいため、冬の間は何度も通いました。

春になると、倒木についた苔が青々と木漏れ日に照らされ、その間から可憐な花がたくさん咲いていました。道中には、たくさんの桜が咲き、森にはウグイスの声が響き渡ります。

まだこの森の夏は体験していませんが、秋、冬、春を過ごしてみて、東白川村の豊かな自然にすっかり魅了されてしまいました。

たまたま居合わせた春先の新区画の内覧会の日には、大勢の方が下見に来られていました。そのころ、すでに初期に利用を始めていた方の区画には、タープが張ってあったり、切り出した木を保管するスペースができていたり。一般の方の利用が始まり、森が少しずつ賑やかになってきたようです。

forentaを始めた経緯について、山共の代表・田口さんに聞いてみました。田口さんは、２０１４年に林業の勉強のためにドイツへ渡ったそうです。そこで、週末になると一般市民が普通に森へ出かけ、ピクニックなどをして自由に遊ぶ姿を見てカルチャーショックを受けたそうです。

お隣がforentaを運営する山共の代表・田口房国さんです。森でわからないことがあれば、田口さんがいろいろと教えてくれます。

「山は林業のためにある」という日本の昔からの考え方がベースにあったため、林業のための山を遊びにも使うドイツの文化に驚かされたとか。そこで学んだ、「森で楽しむ文化を日本にも根付かせたい」という願いから、このサービスを考案したそうです。

材木の価格下落や、後継者の減少など、林業は、厳しい状況にありますがそんな状況から抜け出すために、考え出した新しいシステムがforentaです。

森に新しい価値を生み出し、その土地の生態系や自然を守りながら共存する。そこに普段は都心で暮らすキャンパーが一緒に参加できるところに、未来を感じます。

２０２１年６月現在、forentaでは新規の募集はしていませんが、このようなサービスが今後増えていくのかもしれませんね。

これからは、木を切ってなにかをつくったり、罠を仕掛けて動物を捕ったり。近くの渓流に出かけて釣りもしてみたいです。目的に応じて２つの山の拠点を使い分けて、自然の中で過ごすスキルをさらに磨いていこうと思います。

四季折々のさまざまな場面で森の生命力を感じることができます。

この場所にあった木を切り出してつくったシェルター。簡易的なものですが、こんな基地を自由につくれるのが、forentaの魅力です。

PART 5
食材を現地調達しよう!

野生動物を捕らえ、 命に感謝していただく。
これもまた、 サバイバルには欠かせない能力です。
比較的ポピュラーな山菜採りや渓流釣りにも、 必ず注意したいポイントが。
幼少時代を思い出しながら(?)読んでみてください。

PART 5　食材を現地調達しよう！

01 渓流釣りの基本を知ろう！

渓流釣りは服装に注意！

渓流釣りは、２０１９年ぐらいに始めたばかり。住んでいる県が「渓流の国ぎふ」と呼ばれるだけあって、この地で渓流釣りをしてみたかったんです。5月に初挑戦したときは、なんとかウグイを1匹釣りました。かなり苦戦しましたが、楽しかったです。もちろん食べましたが、うーん……なんとも川魚らしい味がしました。

その年の9月には、念願のアマゴを釣り上げ、胴体にあるあの赤い斑点を見たときには、本当に感動しました。美しい魚ですね。

２０２０年は2月の解禁と同時に渓流に通い、スキルアップができました。服装や道具から見直して、しっかり準備できたことが勝因だったと思います。

渓流釣りをするときの服装のポイントは、魚から見つかりにくいこと。自然に溶け込むアースカラーがいいです。私は、サンドベージュのレインウェアを着ています。

足元はフェルトソールのシューズが鉄板です。苔の生えた石の上や、濡れた岩でも滑りにくいので、安全に釣りを楽しめます。寒い季節は、腰までカバーするタイプのウェーダーを履きます。夏は、フェルトソールのシューズでも気軽に楽しめます。

こちらの渓流での釣り方は、餌釣りです。釣り竿は、長さ6.1ｍのカーボン製の振り出し竿。仕掛けは、太さのある道糸に、細いハリスを電車結びします。これに水深に合わせたマーカーとガン玉（重り）をつけます。

その他、100均で買った小さなプラスチックケースには、自宅でつくった仕掛けを数本、予備の針、PEライン（道糸）、ガン玉、ナイフ、針外しを入れています。ほかに、渓流に入る前に遊漁証を買って、それも携帯します。

餌は、ミミズを餌入れに入れて腰につけて持ち運びます。誰もいない山に入るので、念のためバッグには、クマよけスプレー、動物よけの鈴をつけています。バッグには、飲料水と携帯食、釣った魚を入れるビクも入れています。

魚との駆け引きと推理

渓流に近づくときは、静かに、そっと。なるべく大きな岩に隠れて下流から上流に向けて移動します。魚は、上流から流れてくる虫などの餌を狙っているために、上流を向いて泳いでいます。だから、魚から見つからないよう、ポイントの下流側から竿を伸ばして、小さな滝などの中に餌を入れて、自然に流します。

私は、ポイントまでの距離に合わせて、振り出し竿を縮めたり、伸ばしたりしながら釣ります。1つのポイントにつき、3回ほど針を流してみます。釣れなければ、次のポイントを探して、上流へ移動します。

マーカーがグンっと沈んだら、竿をサッと立てて、フッキング。魚がかかったら、竿の弾力を利用して無理なく、自分の近くに寄せてきます。魚が逃げないよう、気をつけながら針を外し、ビクに入れます。

釣った魚を入れたビクは、流れに入

れて、釣りを続けます。この方法なら、魚を生かしたまま移動できるため、夏の暑い日でも、腐らせずに運べるのです。

アマゴなどの魚は、渓流ごとに持ち帰れるサイズが決まっているので、小さな魚が釣れた場合はリリースします。この渓流では、15cm未満がリリース対象でした。

魚体の横にくっきりとした赤い点がある美しいアマゴが釣れると、本当に気分があがります。しかもおいしい！**魚がいそうな場所を推理して、考え通りに釣れたときのうれしさや、竿から伝ってくる生命感、そして、緑豊かな渓流の横で料理して食べる解放感とおいしさ。これをセットで楽しめるのが、渓流釣りの醍醐味です。**

罠を仕掛けて動物を捕ることよりハードルが低い渓流釣りは、**自分で獲物を捕らえ、それを食べることに挑戦するファーストステップに最適です。**

渓流釣りには、地域ごとに禁漁期間や、リリースしなければいけない魚のサイズなどの決まりがあります。十分に調べたうえで実施してください。

服装は、自然に溶け込む色が鉄則。初めてのときは、白いシャツを着ていったため、魚にバレバレでした。用心のためクマよけスプレーと鈴は必ず持っていきます。

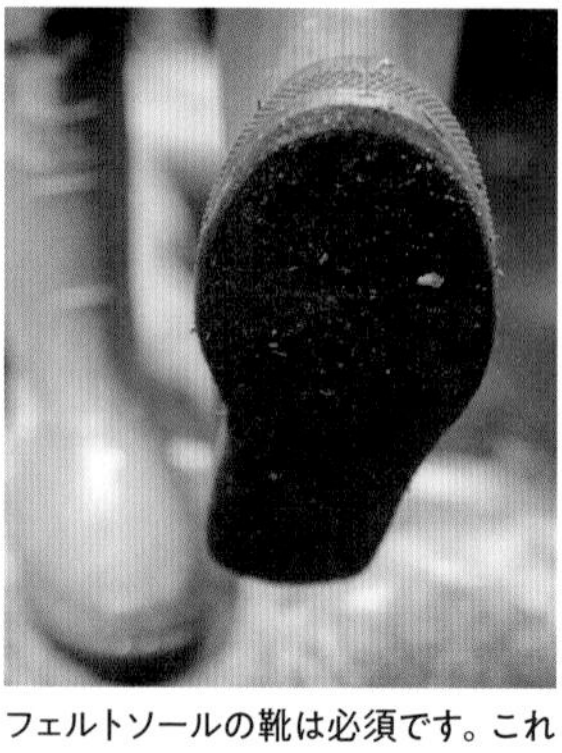

フェルトソールの靴は必須です。これがないと、苔などでツルっと滑ってしまうので危険です。

小さな魚は「大きくなって帰って来いよ～」と言って渓流に返します。なるべく素早くリリースしましょう。

アマゴはこのくらいのサイズになると引きが強く、食べても美味しいです。警戒心が強く、難易度は上がります。

PART 5 食材を現地調達しよう!

02 狩猟に使える罠を準備してみた

免許があれば狩猟もできる

大前提として、狩猟には免許が必要です。私は2019年に罠猟の資格を取得して狩猟をしています。ここではあくまでも参考情報として、罠について紹介します。

私が罠猟に使う道具は、「箱罠」と「くくり罠」の2種類です。箱罠はホームセンターで購入できます。箱罠ではおもに小動物を狙います。狩猟する場所に生息するタヌキやイタチなどを想定したサイズの箱罠を選びました。

くくり罠は、シカやイノシシなど大きな動物を捕獲する際に使います。専門サイトで組み立て用のパーツを購入し、自分で組み立てました。

構造はシンプルです。動物の脚をく

くる前部と木などにつなぐ後部の２本の道具を接続させて使います。前部は、太いワイヤーでできたくくり金具に、ストッパー、Ｙ式バネ押さえ、Ｙ式塩ビパイプ、ワッシャー、スリーブ、ワイヤー止め、スリーブ、より戻しを通して、最後にスリーブをかしめます。後部はより戻しを使って前部と接続します。

実際に使うときには、地面を掘って、この塩ビパイプを埋めて、エサや落ち葉を被せて隠します。動物が塩ビパイプを踏んだ瞬間に、動物の重みで内側の塩ビパイプが沈み、ワイヤーが外れ、スプリングの張力でループが縮まり、動物の足をくくります。

⚠ 狩猟は、必ず免許を取得のうえ行ってください。

1
くくり罠の材料は専門サイトで購入しました。太いワイヤー、2種類の太さの塩ビパイプ、ほかは、スプリングやワイヤーを留める金具などが必要です。

2
大きなワイヤーカッターを使って、太いワイヤーをバチンッと切ります。片側の端に小さなループをつくって、金具で留めます。

3
前側になるワイヤーには、動物の脚をくくるために必要な小さな金具やバネ、Y字バネ押さえなどのパーツを順に通していきます。

4
これで完成です。罠が付いた前側のワイヤーと、木などに縛るための後部のワイヤーをより戻しで連結させています。

5
うまく動くか試してみます。内側の塩ビパイプにワイヤーの先のループを広げてかけます。実際には、このパイプを地面に埋めてから上に落ち葉やエサを置いて隠します。

6
動物が内側の塩ビパイプを踏むと重みで沈み、内側の塩ビパイプが下に落ちます。するとワイヤーがずれて外れ、スプリングが伸びてワイヤーループが縮まり、動物の足をくくります。

PART 5 食材を現地調達しよう!

03 罠を仕掛けて獲物を捕らえる

初めての動物解体

山に入って焚き火をしながら料理をしたり、キャンプをする機会が増えるにつれ、次第に罠猟というものに興味が湧いてきました。自然のなかで自由に暮らす**野生動物との駆け引きというのは、いったいどんなものなんだろう**って。

狩猟には、鉄砲を使うものと、罠を使うものと、網猟があります。鉄砲を使ったら、人間が勝つのは当たり前。そこで私は、動物と対等に勝負できる罠猟に挑戦しようと決めました。

２０１９年に罠猟の免許を取得し、猟期の11月を迎え、「さあ、行くぞ！」と意気込んだところに、豚コレラという病気が野生のイノシシに広がり、その年の猟は解禁されませんでした。

２０２０年には、いよいよくくり罠と箱罠を使って、罠猟に挑戦しましたが、獲物はなし。その後いろいろな山に行ってみると、動物の痕跡があり、狩猟に適した場所を発見！　その近くに箱罠を仕掛けました。そこにセットしておいたトレイルカメラを確認すると、タヌキらしき動物の姿が映っていました。

その場所に罠をしかけてみると、なんとタヌキではなく、２匹のテンが入っていました。これが人生初の獲物です。

箱罠に近づくと、罠から出るために必死に暴れたのか、テンは傷だらけでした。吠えたり、鳴いたり、逃げようと暴れ回ります。このとき、自然界に生きる野生の動物のエネルギーというものを強く感じました。

捕ったテンは自分でしめて、各部の

狩猟ができる山に出かけ、箱罠を仕掛けます。動物の足跡がないかを注意深く探しながら森を歩き、箱罠を置きます。

くくり罠は地中に埋めます。落ち葉や枝などを被せて見えないようにします。

箱罠にかかった2匹のテン。どうにかして逃げようと、必死に暴れています。

構造を確認しながら解体しました。テンのハツやレバーは、４本足の動物でありながら、大きさも構造もまるで鶏のようでした。

解体の勉強はシカとイノシシで１回ずつプロから教わっていました。

内臓は、その日のうちに熱を入れ食べてみましたが、臭みもクセもなく食べやすかったです。そこも鶏と似ているなあと感じました。その他の部位は真空パックにして、冷凍保存してあります。

今後は、シカとかイノシシとか、もっと大きな動物を狙いたいです。くくり罠猟もまだ成功していないので、それも使って。

自然や命に感謝しながら、自分が食べて生きるためのスキルをさらに高めていきたいです。

PART 5 食材を現地調達しよう!

04 蛇の捕らえ方と捌き方

かほなんといえばマムシを食う女!?

さばいどるの修行として、マムシを捕って食べるという動画を2018年に公開しました。当初は、それほど反応がなかったのですが、チャンネル登録者数が増えると同時に、マムシ編の再生回数はグングン伸びていきました。とくにメディアの方からの注目度が高く、**今ではテレビや雑誌に登場するときには、決まって「ヘビを食べる女」として紹介されています（笑）**。

もちろん、いつもヘビを捕って食べているわけではありません。サバイバルキャンプのように食材を持たずに山に入るような環境のときだけヘビを捕ります。

ヘビを捕るための装備は、ヤス、ナ

イフ、火バサミ、手袋と長靴、それに、用心のためクマよけスプレーも持っていきます。熱中症にならないよう、飲料水も忘れずに。

マムシやアオダイショウなど、大きめのヘビを探します。**ヘビは、好物のカエルが生息しているため、山の中でも渓流沿いを好みます**。渓流沿いの林道を歩いて探してみてください。落ち葉がある場合、同化していて見えにくいので、踏んでしまわないよう、地面に注意しながら歩きましょう。

この日は、道沿いの岩と枝の間にいるマムシを発見。静かに近づき、頭の下あたりを目がけてヤスで突きます。うまく刺さらない場合は、何度か挑戦します。

胴体にヤスが刺さったら、倒木等に押さえつけるようにして、躊躇なくナイフで頭を落とします。こうしておけば噛まれて自分がケガをする心配もありません。

捌くのは簡単でクセのない味

近くの渓流に行き、そこで血を抜きます。尾を持ち、頭の方を下にすると血が流れ出ます。この日のマムシは、なんだかとても臭かったです。ある程度、血が抜けたら、料理をするために解体します。

まず、頭部側の皮に切れ目を入れます。そこから指で皮をめくり、尾の方に向けて強く引っ張ると、きれいに皮が剥がせます。皮を剥いだら次に内臓を取り出します。内臓の中からは、カエルがまるまる出てきました。これが臭いの原因になっていたようです。しかも、そのカエルの口にはバッタまで。これが自然界の食物連鎖です。

マムシは皮も剥ぎやすく、じつは魚をさばくより簡単です。味はクセがなく、白身魚のように淡白です。しかし、骨が堅いので、かば焼きのように水分を飛ばしてしまう調理では、骨の硬さばかりが強調され、あまり美味しくないので、私は揚げ物などのほうが向いていると思います。

何も食材を持たずに山に入ったとき、比較的簡単に手に入り、たんぱく質をしっかりと取れる。ヘビは、サバイバルをするうえで貴重な食料となります。

ただし、マムシに噛まれてしまった場合、毒があるため、危険であることを頭におき、最大限の注意を払うことをお忘れなく。

郵 便 は が き

（切手をお貼り下さい）

170-0013

（受取人）

東京都豊島区東池袋3-9-7
東池袋織本ビル4F
㈱すばる舎 行

この度は、本書をお買い上げいただきまして誠にありがとうございました。お手数ですが、今後の出版の参考のために各項目にご記入のうえ、弊社までご返送ください。

お名前	男・女	才
ご住所		
ご職業	E-mail	
今後、新刊に関する情報、新企画へのアンケート、セミナー等のご案内を郵送またはＥメールでお送りさせていただいてもよろしいでしょうか？ □はい □いいえ		

ご返送いただいた方の中から抽選で毎月３名様に
3,000円分の図書カードをプレゼントさせていただきます。

当選の発表はプレゼントの発送をもって代えさせていただきます。
※ご記入いただいた個人情報はプレゼントの発送以外に利用することはありません。
※本書へのご意見・ご感想に関しては、匿名にて広告等の文面に掲載させていただくことがございます。

◎タイトル：

◎書店名(ネット書店名)：

◎本書へのご意見・ご感想をお聞かせください。

ご協力ありがとうございました。

渓流近くの岩陰に潜むマムシを発見。静かに近づき、ヤスでひと突き。

マムシは、ヤスで刺したぐらいでは、簡単に死にません。力強く抵抗してヤスを外そうとします。素早く頭を落としました。

渓流に行き、尾を持ち頭側を下げて血を抜きます。とても臭かったです。

ある程度、血が抜けたら次に皮を剥ぎます。頭側に切れ目を入れてから皮を尾に向かって引っ張ると簡単にはがせます。

お腹に切れ目を入れて、内臓を取り出します。このとき、マムシが何を食べているか知ることができます。

⚠ いわずもがな、マムシは毒を持つ危険生物です。初めてマムシ捕獲に挑戦する場合は、経験者や専門家の指導の下で行うとよいでしょう。

PART 5　食材を現地調達しよう!

05 野草を採って食べてみよう!

野草初心者は「春先」に「天ぷら」

野草の旬は春です。日照時間が長くなるにつれ、山や里には緑鮮やかな野草たちがスクスクと育ってきます。

子どものころには、春になると家族で近所に出かけ、ツクシ狩りを楽しみました。家に持ち帰り、新聞紙を広げて母と一緒にツクシの袴をとり、よく夜にかき揚げにして食べたものです。祖父の家に遊びに行くと、ごはんのおかずに、いろいろな山菜のおかずが出てきます。そんな環境で育った私にとって、野草は身近な場所で手に入る大切な食料なんです。

野草の見分け方は、野草図鑑を参考にするのが一番です。野草の中には、毒性があるものもありますが、それでも日本には約40種類しかありません。

なかでも、**気をつける必要があるのが、そっくりな毒草が存在する植物です。**よく見かける山菜だとギョウジャニンニクとイヌサフラン、フキノトウとハシリドコロ。この2パターンについては、図鑑を見てどこで見分けるかをしっかり確認してから採取する必要があります。

今まで食べた野草の中でも私のお気に入りは、フキノトウです。スーパーで買えるツボミではなく、あえて花が咲き始めたものを採って天ぷらにして食べましたが、春菊のような苦みがあり、かなりクセはありましたがとてもおいしかったです。これは、自分で採って食べてみなければ知ることができない貴重な体験でした。

イタドリ

タラの芽

ユキノシタ

ゼンマイ

フキノトウ

ワラビ

野草は、天ぷら、煮浸し、サラダなどで食べられます。おいしいのは、やはり春先の芽吹いたばかりの草や花です。**タンポポなどは、長い期間自生していますが、夏にはエグみやかたさがでて、春のような柔らかさがなくなります。**

苦みを楽しむのも野草料理の醍醐味ですが、苦手な方は、ほかの調理方法よりクセが和らぎ、アク抜きも不用な天ぷらから試してみてはいかがでしょう?

私が購入した山には、春になるとフキノトウ、タラの芽、コシアブラ、ゼンマイなどが生えてきます。川原に行けば、ワラビやコゴミも見つけられます。

野草の種類を覚えることで、山や里の季節感を、目と味覚で味わえるようになり、自然の中に入る楽しみが広がりますよ。

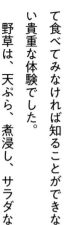

コラム #05

食材の保管方法

山でキャンプをするときは、食材をどう保管するかを工夫する必要があります。これには大きく分けて2つの意味があります。

1つは、食材を腐らせないこと。そして、もう1つが、寝ている間に野生の動物に荒らされないためです。

夏場を中心に、クーラーボックスは欠かせません。断熱材に囲まれたボックスは保冷力が高く、氷や保冷剤を入れることで、1～2泊のキャンプなら、まるで冷蔵庫のように便利に使えます。

人数によりますが、食材だけを保管する場合、ソロキャンプなら15Lもあれば十分です。クーラーボックスは、イスとしても使えるものが便利です。

保冷剤については、LOGOSの「氷点下パック」という製品を使っています。これは、表面温度が通常の保冷剤より格段に低いマイナス16℃に達します。今では従来品の半分の時間で凍結できる製品も発売されていて、私の夏場のキャンプには欠かせない存在となっています。

冬場の食材保管には、より軽量なコンテナボックスを使います。冬ならここに入れておくだけで、十分鮮度を保てます。また、きっちりと蓋を閉めておけるので、夜間に動物に荒らされることもありません。動物や鳥たちは、食材の匂いを敏感にかぎつけます。就寝するときには、食材の入ったゴミ袋も一緒にこのボックスに入れておけば安心です。夜間に食料やゴミを荒らされないよう考えて保管することは、自分にとっても、野生の動物にとっても重要なことなのです。

クーラーボックスは、ホームセンターに売っているものを使っています。LOGOSの保冷剤「氷点下パック」は夏場のキャンプで威力を発揮します。入れておいたペットボトルの水が凍ってしまうことも……？

PART 6
激ウマキャンプ飯にチャレンジ！

食事はアウトドアの大きな楽しみの1つ!
せっかくならと、普段はやらないような調理法にもチャレンジしたくなるものです。
PART2でつくったトライポッドやスウェーデントーチなども使って、
夢や憧れが詰まったキャンプ飯をつくってみましょう!

PART 6　激ウマキャンプ飯にチャレンジ！

01 アイデア次第で自由自在 超万能な飯盒料理！

便利でかっこいい兵式飯盒が大好き♡

飯盒《はんごう》には、大きく分けて2つの種類があります。1つは円筒形の丸型飯盒。そしてもう1つが、兵式飯盒と呼ばれるタイプで、上から見るとそら豆のような形状をしたものです。

私は、兵式飯盒を愛用しています。見た目も好みですし、円筒形のものよりリュックにすっきりと収まります。色も武骨さも、そのたたずまいがたまりません。使い込むほどに味が出るところも気に入ってます。しかも、いろいろな料理に使えるのですから、これを使わない手はありませんね。

今では、同じような兵式飯盒を4個も所有しています。ここでは、大好きな兵式飯盒の魅力を紹介します。

兵式飯盒、4つの魅力

その1は、**底が深い**こと。**ご飯なら、なんと最大で4合も炊けます**。他にも、うどんや汁物をつくったり、ピザを焼いたり、燻製をつくることだってできます。

その2。**蓋が2つある**こと。**中蓋はお皿にもなる**し、ご飯を炊きながら、中蓋で別のおかずを同時に調理することもできます。**外蓋は、フライパン代わりにして、炒め物や焼き物をつくるときにも使えます**。

ちなみに、私が使っている飯盒は中蓋が2合、外蓋が3合のお米が入るサイズなので、お米を現地で計量するときに役立ちます。こんなところに兵式といわれるルーツが見え隠れしているような気がします。

これは、私が愛用している兵式飯盒です。元々は軍用っぽいオリーブでしたが、焚き火でガシガシ使っているうちに、だいぶ貫禄が出てきました。

飯盒は、3つのパーツでできています。本体、中蓋、外蓋。外蓋にハンドルが付いていて、フライパンのように使えるタイプもあります。中蓋は、その名の通り、飯盒の中にピタリと納まります。収納性を高めているだけではなく、米を炊きながら、おかずをつくることもできます。

その3。本体に「つり手」と呼ばれるハンドルが付いていて、これを上に持ってくると、**トライポッドなどで吊るして調理することができます**。つり手の中央がへこんでいる(左写真参照)ので、S字フックや枝を引っかけたときに、大きくずれないところが便利です。

その4。アルミ製で**熱伝導率が高いこと**。アルミ特有の軽さから**持ち運びも楽で、安いところも魅力です**。私が使っているキャプテンスタッグの兵式飯盒は、1500円あればおつりがくるほどです。

大きさがデメリットのように感じる方もいらっしゃるかもしれませんが、持ち運ぶときには、中に小物類や食材などを入れることもできるので、実はかなり便利です。

飯盒料理　基本のキ!

飯盒で炊くご飯

用意するもの

・米　1合
（自宅で洗って浸水しておくと便利）
・水　200ml
（好みで180～220mlの間で調整）

お米は自宅で洗って、水に浸けた状態で飯盒の中に入れて持っていけば、時間もスペースも節約できます。

つくり方

1 お米を洗い、水に浸しておきます。夏なら30分、冬なら１時間以上を目安にしてください。

2 飯盒の外蓋だけを閉め、中の水が沸騰するまで強火で火にかけます。

3 沸騰したら弱火（火から遠ざける）にして、10分間火にかけておきます。

4 飯盒を火から外し、そのまま10分程度蒸らします。蓋を開け、ご飯をほぐすように混ぜたらできあがり。

焚き火で調理する場合、火力の調整は、火からの距離で。

超簡単で腹持ちも◎

蒸かしじゃがバター

用意するもの

- じゃがいも　5個
- バター　適量
- 塩　適量
- コショウ　適量
- 水　適量
- 石　3個ほど

食感を楽しむため皮を剥かないのがポイントです。

つくり方

1. 飯盒にじゃがいもと同じぐらいの大きさの洗った石を入れます。この石は、じゃがいもを少し浮かせるために入れています。
2. 2cmほど水を張り、洗ったじゃがいもを入れます。
3. 飯盒の外蓋を閉じて火にかけ、20分ほどかけてじっくり蒸かします。
4. じゃがいもを蓋に載せて4等分に切り、塩、コショウを振ってバターを添えたらできあがり。超簡単なキャンプ飯にして、最高においしい!

味つけはお好みで。マヨネーズや明太子も合いますよ。

スープをつくりながら蒸す!

中華スープと点心セット

用意するもの

- カニカマ　6切
- 卵　1個
- ネギ　少々
- 片栗粉　少々
- 鶏ガラスープの素（顆粒）
- 水　400ml
- 塩
- コショウ
- 肉まん（チルド）
- シュウマイ（チルド）

材料は、あらかじめ必要な量だけ小分けしておき、ジッパー付きの保存袋などに入れておく。

つくり方

1. お水400mlを飯盒本体に入れて沸騰させます。
2. 細くほぐしたカニカマを湯に入れ、鶏ガラスープの素を適量入れます。
3. 肉まんとシュウマイを中蓋に載せて飯盒本体にのせたら、外蓋も閉めて約5分煮ます。
4. 温まった肉まんとシュウマイを中蓋ごと取り出します。外蓋で卵を溶いてスープに入れたら、とろみをつけるために水とき片栗粉を入れひと煮立ちさせます。
5. 塩、コショウで味を調えたら完成です。

中蓋に置いた肉まんとシュウマイは、スープの湯気で蒸されて温まります。

パーツの使い分けがミソ

飯盒は、ご飯を美味しく炊くのはもちろん、**アイデア次第でいろいろな料理をつくれる万能クッカー**です。ここまで紹介したように、ご飯を炊いたり、じゃがいもを蒸かしたり、簡単なものから始めて、徐々にステップアップしていくと、キャンプ料理の幅がグンと広がります。

ここでは、これまで私がつくった飯盒を使ったキャンプ飯をいくつか紹介します。**つくるときの大切なポイントは、飯盒のどのパーツを使うか**。うどんのような汁物や、天ぷらなどの揚げ物なら、深さがある本体を使います。中蓋や外蓋は、焼き物、煮物にも使えます。焚き火を使って豪快に飯盒料理を楽しみましょう。

アイデア次第でこんな料理も!!

・飯盒の蓋でつくるシンプルすき焼
肉を入れ、少し焼いてから、すき焼きのたれと切った野菜を入れるだけ。

・あつあつ煮込みうどん
寒い季節に暖を取るための定番簡単料理です。湯を沸かし粉末のだしを入れ、野菜、肉を入れてうどんを一緒に煮込めばできあがり。

・焚き火で天ぷら
深さがある本体を使えば、焚き火をしながら天ぷらをつくることもできます。このときは、中蓋と外蓋を使って炊飯も同時にしています。

・小魚の甘露煮風
釣りをしたときに、外蓋を使って甘露煮風の料理をつくりました。味付けは、すき焼きのたれと水だけ。煮詰めて水分を飛ばせばできあがりです。

すき焼きのタレはなんでもおいしくする

自宅で簡単にすき焼きをつくれる市販のすき焼きのタレ。**これがあるだけで、何でも簡単においしくなります**。炊き込みごはんをつくったり、釣った魚や肉、野菜を煮込んだりいろんな用途に使えます。

私は、この技を祖父から教わって以来、すき焼きのタレにすっかりハマってしまいました。これさえあればキャンプ飯はたいていなんとかなるんです。甘いものや、出汁が強いものなど、いろいろ試して好きなブランドを探すのも楽しいですよ。

ここでは、私がよくつくるすき焼きのタレを使った2品を紹介します。

すき焼きのタレでつくる
炊き込みごはん

用意するもの

- すき焼のタレ　大さじ3
- 米　1合
- 水　170ml
- ニンジン
- 椎茸
- こんにゃく
- 油揚げ
- 鶏肉

※材料はすべて適量（お好みで）

つくり方

1. 水に浸しておいたお米と、水170mlを飯盒に入れる。
2. 切った具材を飯盒に入れる。具材は自宅で切って保存袋に入れて持っていくのがよいでしょう。
3. すき焼きのタレを大さじ3杯入れる。お好みで醤油を加えてもOKです。
4. 外蓋を閉めたら、沸騰するまで強火にかける。
5. 沸騰後は弱火にして、10分たったら火から外します。さらに10分蒸らしたら蓋を開け、よく混ぜたら完成！

すき焼きのタレは、いろいろあるので好きなブランドや味のものを用意します。米と具材は自宅で下ごしらえしておくと時短になって便利。野菜は一口大に切っておきます。

おつまみにもピッタリ!?

手羽先の煮込み

用意するもの

- 手羽先　3本
- うずらの卵　2個
- 水　100ml
- すき焼きのタレ　大さじ2
- 万能ねぎ　少量

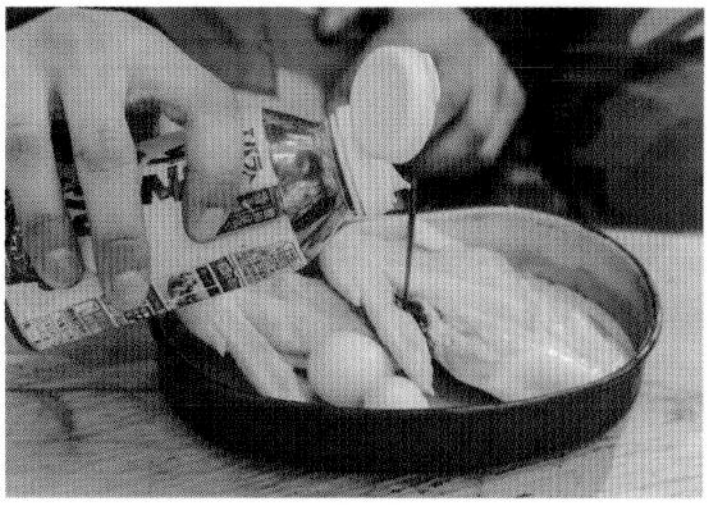

今回は飯盒の外蓋を使用していますが、もちろん他のクッカーを使用してもOKです!

つくり方

1. うずらの卵は自宅で茹でたあと、殻を剥いたものを袋に入れて持っていきます。水煮を使ってもOK！
2. 飯盒の外蓋に手羽先とうずらの卵を入れ、すき焼きのタレ大さじ2杯、水100mlを加えます。
3. 火にかけ、ある程度水分が蒸発するまで、具材をひっくり返しながら煮込みます。
4. 具材にしっかり色がついたら、最後に刻んだ万能ネギなどをトッピングして完成！

途中で、箸を使って具材を裏返すと、まんべんなく味が染み込みます。

災害、緊急時に役立つ空き缶炊飯

普段は飯盒を使ってご飯を炊くことが多いのですが、この先無人島に行ったときや、災害に遭ってしまった場合を想定して、飯盒がなくても拾った空き缶でご飯を炊くためのサバイバル術を紹介します。

いろいろな缶で実験しましたが、スチール缶よりもアルミ缶のほうが、ご飯はおいしく炊けました。また、重ねたときに安定するように、できれば同じサイズの缶をふたつ探します。

おかずがないと寂しいので、今回は一緒にサバ缶を使った簡単キャンプ飯もつくりました。これは、サバの味噌煮缶に切ったほうれん草を入れて火にかけただけです。

用意するもの

- 空き缶　2個　(同じサイズのもの)
  ※今回は340mlのものを使用
- 米　0.7合（今回は無洗米を使用）
- 水　140ml
- 缶切り

つくり方

1. きれいに洗って缶切りで上部を切り取った空き缶のうち１つに、米0.7合と約140mlの水を入れます。
2. もう１つの缶には拾ってきた石と水を入れ、米を入れた缶の上に載せて焚き火にかける（フタがわり）。
3. 米が入った缶の水が沸騰したら、次は弱火で10分炊きます。
4. 10分たったら、火から離して10分蒸せば完成です。

1
これが空き缶2本を使ってご飯を炊く実験に必要な道具と材料です。

2
2本の空き缶の上部を缶切りを使って切り取ります。

3
水は米より1.5cmほど上まで入れるイメージです。

4
米が入った缶の上に重石が入った缶を載せて焚き火にかけます。米を炊いている間に、おかずをつくりましょう
(左ページへ)

⚠ 缶を熱すると有害物質が出る場合があります。

カンだけでカンタン!!

サバの味噌煮定食

用意するもの

- サバ缶（味付きのもの。やき鳥缶などでもよい）
- ほうれん草　適量

つくり方

1. ほうれん草を細かく切ります。
2. サバ缶にほうれん草を加えて火にかける。
3. 煮立ってきたらできあがり。

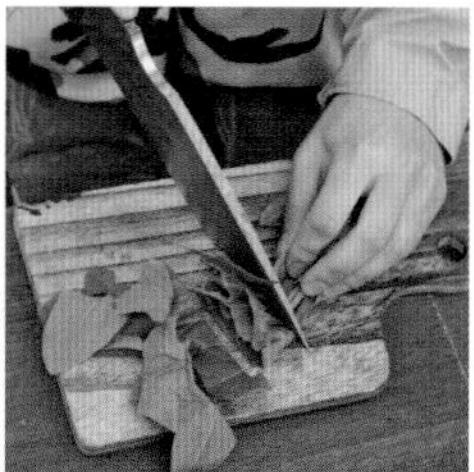

ほぐしてみても焦げ付きはありません。ホクホクで美味しかったです。

PART 6　激ウマキャンプ飯にチャレンジ！

02 ワイルドすぎる吊るし肉の丸焼き

焚き火＋肉の塊＝ワイルドの極み

さばいどるといえば吊るし肉。というぐらい定番となっているのが、枝を使ってつくったトライポッドとポットハンガーを使って吊るした肉を焼く、見た目にもワイルドな吊るし肉料理です。

焚き火と肉の塊というビジュアルがアウトドア料理を代表するような雰囲気になるためか、テレビや雑誌の取材のときにリクエストされることが、本当に多い料理です。

普段は、入手しやすい牛肉のブロックを使いますが、鹿肉が手に入ったときには、それも使います。料理をする日の前に、塩、コショウ、場合によってはアウトドアスパイスを振りかけて、味をなじませておきます。それをジッパー付きの保存袋に入れて冷蔵庫で保管します。

キャンプに行く朝に忘れずに持っていけば、現地では焚き火を起こして吊るすだけで料理を開始できます。

まず、100均やホームセンターで売っているステンレス製S字フック2本を肉に刺して吊るします。あまり端過ぎると肉が切れて落ちてしまうので、安定する2カ所にS字フックを刺します。

トライポッドにチェーンをかけて、そこにS字フックを引っかけて肉を吊るします。あとは、遠火でじっくりと焼き、30分ほどたったら、S字フックをくるりと返して、反対側も30分ほど焼きましょう。

合計1時間遠火でじっくり焼いたら、できあがりです。

焚き火で塊肉を焼く方法

S字フックとチェーンは、ステンレス製のものを使います。保存袋を持ちながら、肉に直接触れないように気をつけて、S字フックを両端に刺して貫通させます。あまり端っこすぎないように注意。

トライポッドにチェーンをかけて、そこにS字フックをかけて吊るし、焚き火で焼き上げます。この日はロケットストーブを使って、さらにワイルド感を演出してみました。

片面がしっかりと焼けてきたら、反対側も焼きます。S字フックは2本とも抜かずに、グルッと上下を反転させて肉を裏返します。

反対側もしっかりと焼けたらできあがりです。焼き加減はお好みで。牛肉なので、多少、中がレアでも美味しくいただけます。

PART 6　激ウマキャンプ飯にチャレンジ！

03 色んな食材を燻製にしてみよう！

実は少ない道具で簡単につくれる燻製

燻製《くんせい》は、わずかな道具だけで簡単にできて、食材の香りや見た目をガラリと変えることができる魔法の料理法です。煙がたくさん出るので、自宅ではなかなかやりにくいですが、**キャンプなら、煙を気にせず燻製を楽しめます。**肉や魚だけでなく、ナッツや卵なども燻製することで、味に深みが出て美味しくなります。

使う道具は、燻製器、スモークウッド、ガストーチだけ。燻製器は、近所のホームセンターで購入したもので、2000円程度の手ごろなものもあります。スモークウッドも今はホームセンターで買えます。トレーに入れて、下から火器で熱して使うスモークチップよりも簡単に使えるので、**初めて燻製に挑戦する方は、スモークウッドがおすすめです**。

コツは、燻製器の底に石を2個ぐらい置いて、スモークウッドの下に空間をつくること。これにより、空気が十分に取り入れられるため、しっかり燃え続けます。その上にスモークウッドを置き、ガストーチでしっかりと焼いていきます。

火が回ったら、網を載せてその上に食材を並べます。ゆでたまご等の塩味のない食材は先に味をつけておくといいですね。細かいナッツ類は、落ちないようアルミホイルの上に載せるといいでしょう。90分ほどで、スモークウッドが燃えきったらできあがりです。

その場で食べても持ち帰っても、薫り高き味わいを楽しめます。

燻製器を使った燻製のつくり方

使うのはこれだけ。燻製器がなくても、段ボール箱と網を使ってつくることもできます。スモークウッドは、肉でも魚でも、オールラウンドに使えるクセの少ない「さくら」を選びました。

燻製器の底に石を2個並べ、その上にスモークウッドを載せることで、酸素がいきわたり、最後までしっかりと燃え続けます。ガストーチでスモークウッドの片面をしっかりと焼いて火を着けます。

スモークウッドにしっかり火が入ると、モクモクと煙が立ち込めます。ここまで火が着いたらOK。燻製を開始できます。網を載せて食材を並べましょう。載せたら蓋を閉じます。

1時間30分ほどたちスモークウッドが消えたら完成です。具材にしっかりと色が着いているのがわかります。美味しそうですね。この方法でつくった燻製は、なるべく早めにいただきましょう。

PART 6　激ウマキャンプ飯にチャレンジ!

04

キャンプ飯の神器 ホットサンドメーカー

普通の冷凍食品に魔法がかかる

ホットサンドメーカーは、用途が広いとっても便利な調理器具です。キャンプはもちろん、私は登山に持っていくこともあります。

私が愛用しているホットサンドメーカーは、キャプテンスタッグ製。フッ素コーティングされていて焦げにくいので、いろいろな食材を挟んで焼いてもこげてしまうという失敗がありません。パンやおにぎりを焼くのはもちろん、蓋のついたフライパンとしても使えます。ハンドルが長いから焚き火との相性も◎。

こんな便利なものが2000円もしないで買えるんですから、ぜひ皆さまもチャレンジしてみてください。

長い取っ手のおかげで、焚き火に突っ込んで調理することもできます。取っ手の端には、挟んだ状態で開かないようにする金具もあり。

これがホットサンドメーカーです。本体はアルミニウムにフッ素加工がされています。開くとこんな感じ。分解してフライパンとしても使えます。

簡単なのに超ウマいたこ焼き

使う食材は、冷凍たこ焼きとトッピング用の青さ粉、かつお節、マヨネーズ。ソースは冷凍たこ焼きに付属しているものを使用します。たこ焼きは、解凍されたものを使用します。

ホットサンドメーカーを開いて、たこ焼きを並べます。蓋を閉めたら火にかけます。片面を焼いたら、ひっくり返して、反対面も焼きます。調理済みの冷凍食品なので、温める感じで。

ホットサンドメーカーを使うコツは、焦がさないようにすることと、均等に火をあてること。軽く焦げ目がついたらできあがり。

ソース、マヨネーズ、かつお節、青さ粉をトッピングしたら、いっただっきま~す! 普通にレンチンするより圧倒的に香ばしくなって、とっても美味しいんです。

プリン&ポテトサラダがギッシリ!

バラエティサンド

プリンサンドのつくり方

用意するもの

- 食パン　8枚切りを4枚
- プリン　2個（ゼラチンを使っていないもの）
- スライスチーズ　2枚
- ポテトサラダ　1袋
- レタス　1枚

ホットサンドメーカーに食パン、プリンの順に載せます。プリンは、容器の底にナイフを刺して穴をあけると簡単に出てきます。

食パンをもう1枚載せたら、それをギュ～ッと押しつぶすように挟み、火にかけます。

プリンサンドのできあがりです。できたてホカホカのクリームパンのような味わいを楽しめます。冷ましてもおいしい。

ポテサラサンドのつくり方

山やキャンプに行くときに、到着してすぐに食べることをイメージした超時短カンタンレシピです。まずは、食パンの上にチーズを載せます。

市販のポテトサラダをまるまる1袋、載せちゃいます。多少厚くなっても、あとでギューッとつぶせるので気にせず載せます。

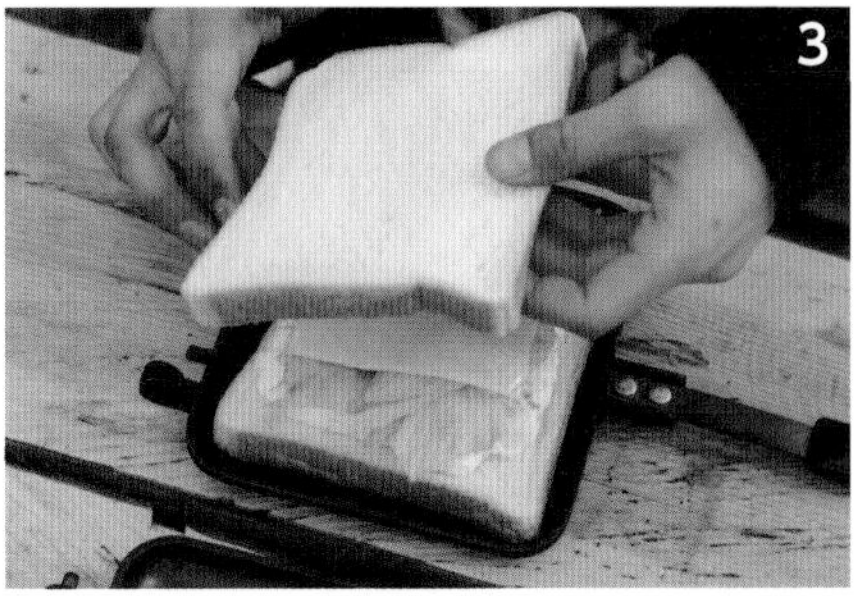

レタスを1枚載せます。生野菜を入れることで食感が良くなります。さらにチーズを載せることで、濃厚さUP! 味付けはお好みで。

ザ・ホットサンドともいうべき、簡単でボリュームがあって、美味しい一品ができました。外はサクサク、中はとろ～り! 魅惑のキャンプ飯ですね!

さばいどる秘伝の焼きマック

ホットサンドメーカーに、買ってきたハンバーガーとチキンナゲットを並べます。朝マックのマフィン、アップルパイもいいですね。

挟んで焼いたらできあがり。ナゲットはカリッとあたたまってサクサクの食感に。揚げたてのようなおいしさになります。

PART 6　激ウマキャンプ飯にチャレンジ!

05 さばいどるのワイルドレシピ集

揺れる炎と滴る肉汁が人間の本能を刺激する

山へ入り、焚き火をして食事をつくる。私にとっては、ごくありふれた日常的な行為ではありますが、なかでも**ワイルドな材料と調理法で、豪快な食事をつくることには格別なものがあります**。そんなときは決まって、大きな塊肉を、ひと手間かけて焚き火であぶります。

炎に照らされて輝く肉。そこから滴り出る肉汁。さらに煙が上がり、なんともいえぬ良い香りが漂います。

こういう料理をつくるときには、ゆっくりと流れる時間を感じながら焚き火と対峙します。**そこにあるのは「ロマン」という隠し味です**。さあ、本能のおもむくままワイルドに食らいましょう。

グループでのキャンプにピッタリ！

ぐるぐる丸鶏チャーハン

用意するもの

- 丸鶏　1羽
- 冷凍チャーハン　1袋
- 塩　適量
- コショウ　適量

つくり方

1. 丸鶏は、内臓を取り出した状態で売っているので、そこに解凍した冷凍チャーハンを詰め込む。躊躇せず、パンパンに入れましょう。
2. お腹が開いて中のチャーハンが出ないように頭、尾の部分も閉めて、タコ糸を使って形を整える。
3. 枝など、棒状のものにアルミホイルを巻き付ける。そこに丸鶏を刺して、上下に細い棒を添えて、タコ糸でしっかりと縛る。
4. トライポッドをふたつつくり、その間に鶏がついた棒を渡す。10分に1度程度、棒を回して、全体に火が入るように焚き火の上で1時間、じっくりとあぶる。
5. 肉全体に火が通り、パリッと焼き色がついたら完成！

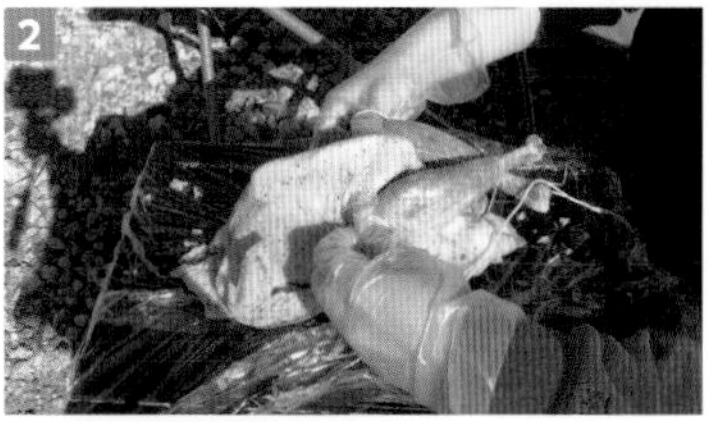
2

3

4

牛肉を贅沢に味わう本来の旨み

幸せ食感のシュラスコ

用意するもの

- 牛肉のブロック（肩かモモ）　2kg
- 塩やアウトドアスパイス等の調味料　適量
- 棒（ホームセンターで購入したステンレス製を使用）

シュラスコは、肉の塊を棒に刺し、焚き火であぶって、焼けたところからそいで食べるシンプルな料理です。

遠火で焼くので、適度に脂が落ちます。外は焼けていても中はレアに近いので、とってもジューシー。牛肉本来の旨さややわらかさが楽しめる、豪快で贅沢な料理です。肉好きにはたまりません。

食べきれなかったらそのまま残しておいて、次の日別の料理に使うこともできます。

牛のブロック肉を棒に刺して、焚き火台の上にセットします。

表面に軽く焼き色がついたら、焼けたところから、ナイフで薄くそいで、軽く塩をふって食べます。

見た目も味もインパクト大!
ビア缶チキン

用意するもの

- 丸鶏　1.2kg
- アウトドアスパイス　適量
- ステンレストレー
- 缶ビール　350ml
- アルミホイル

ビア缶チキンは、丸鶏をビア缶に刺してあぶり、アルコール分の蒸発で肉を柔らかくして味わう豪快な料理です。丸鶏は、前の晩にアウトドアスパイスなどで下味をつけておきましょう。中身のビールを半分まで減らした缶に丸鶏を差し込んだら、アルミホイルをかけて、トレーごと焚き火台に載せて1時間焼きます。このときは、缶を固定するために、焼き菓子用の型を使いました。

ステンレストレーに載せた缶に丸鶏を差して、アルミホイルでつくった蓋をふんわり被せます。

焚き火台に載せ、1時間焼いたら完成!

コラム
#06

時短の裏ワザ・自動炊飯

キャンプに行くと、テントを張ったり、薪を割ったり、火を起こしたり、なにかと作業が多くて時間がかかります。体を動かすとお腹も減ってしまうし……。そんなときに私がやっている時短の裏技があります。

それが「自動炊飯」です。自動っていっても、炊飯器を持っていくわけではありません。しかし、火加減を調節しなくても、勝手にご飯が炊ける便利なワザなんです。

やり方は超簡単。アルミ製のメスティンにお米と水を入れます。コンパクトなポケットストーブを組み立て、100均で売っている固形燃料を置いて着火。その上にメスティンを載せたら、あとは、ほったらかしです。

固形燃料が燃え尽きたら、さらに10分蒸らします。これだけで美味しいご飯が炊けます。普段ならつきっきりになる調理作業の間に、別のことができるので、忙しいキャンプにはピッタリです。

もちろん、白米を炊くだけではなく、いろいろな材料を一緒に入れて炊き込みごはんもつくれます。

ポケットストーブや固形燃料は、メスティンの中に入れて持ち運ぶこともできてコンパクトなので、キャンプだけではなく、山登りのランチでも大活躍します！　ぜひ試してみてください。

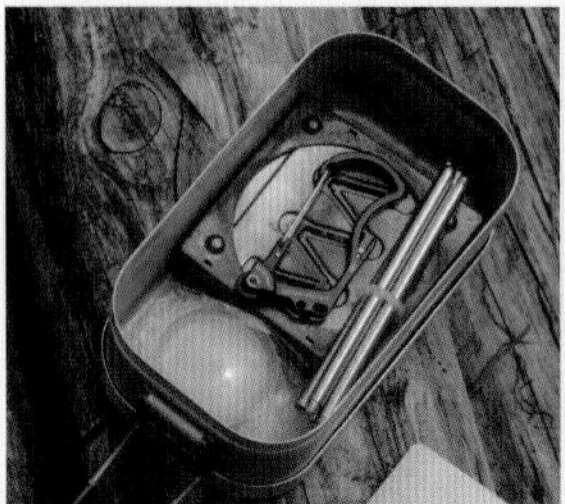
メスティンの中にポケットストーブ、固形燃料、箸、ライターが入っています。

風が強いとうまく炊けないので、ウインドスクリーン（風よけ）を使いましょう。固形燃料は25gのものを使います。

ご飯と一緒に豚肉、キムチ、チーズを入れた「豚キムチーズ炊き込みごはん」も、ほったらかしでできちゃいました。美味しかったですよ。

PART 7 拠点を確保しよう!

おいしいご飯をつくって食べるにも、自然を楽しむにも、拠点が必ず必要です。
テントやハンモックの設営は大変そう……という方も多いかもしれませんが、
今は色んな商品があって、手軽に始められるんです。
キャンプで役立つロープの使い方や道具の持ち運びも紹介!
理想の拠点をつくりあげましょう!

PART 7 拠点を確保しよう!

01 ソロデイキャンプは箱1つで十分!

1箱で何役もこなすコンテナボックス

ソロデイキャンプは、コンテナボックスに入る道具だけあれば、十分快適に楽しめます。

私が使っているコンテナボックスは、容量45Lのポリプロピレン製のものです。これは、普通にホームセンターに売っているもので、正式にはバックルコンテナボックスというそうです。価格は2500円くらい。日帰りのアウトドアに出かけるときには、基本的にこれ1つに入る道具だけに絞って持っていきます。

このコンテナボックスは、とても便利なのですが、あまりにも便利すぎるため、いつの間にか増えてしまいます。私の部屋にはこれが何個も重ねて置いてあります。とても女子の部屋とは思えない光景です（笑）。

複数のボックスを積み重ねても安定する設計なので、普段は道具入れとして役立てています。

特徴は、軽いこと。そして、バックル兼取っ手がロックになっていて、蓋をパチッとしっかり閉めることができます。蓋を閉めれば、積み重ねて運ぶときにも便利で、外に置いたときには、風で勝手に開かないところも安心です。

特に雨の日には、**蓋があることで、中のものを濡らさずにタープの下まで運べます**。キャンプ道具だけではなく、絶対に濡らしたくない薪を運ぶのにもいいです。保冷力はありませんが、**キャンプで夜寝るときに、食料や生ごみをこの中に入れて保管すれば、動物に荒らされることもありません**。

すべてコンテナボックスに入れて運びます。これは焚き火台を使わないコンパクトストーブバージョンです。

チャムスのケースの中には、タープに使うロープ、S字フック、チェーンなど、なにかあったときに便利な小物を入れています。

「何を持っていくか」を考えるだけで楽しい

私はこのコンテナボックス1個に入るだけの道具で、森でランチを食べるような、気軽なデイキャンプを快適に楽しんでいます。泊まりとなるとテントやシュラフ（寝袋）が増えるのでさすがに箱1つでは足りませんが、便利なことに違いはありません。

中に入れる道具は、目的によって変えていますが、ここでは気軽なソロキャンで使う道具を入れて紹介します。

このボックスは、テーブル代わりに使うこともできますが、今回はほかに、アルミ製のローテーブル2種類を用意しました。

この日は、コンパクトストーブを使いましたが、料理の内容や目的によっては焚き火台を使うこともあります。小さくたためる焚き火台なら、このボックスに入ります。焚き火台を使う場合でも、現地に落ちている枝を薪にすれば箱1つで出かけられます。必要に応じて、薪専用にコンテナボックスを1個追加することもあります。

持ってきた道具を広げてみましょう。支柱の代わりにトレッキングポールを使って、ブルーシートのタープを張り、その下に必要な道具をセットしたら準備完了です。

道具類は、料理をするときに無駄なく動けるように配置しました。**基本は、座った状態で手が届くこと**。コンパクトな道具だから、必要なものすべてを近くに並べられます。

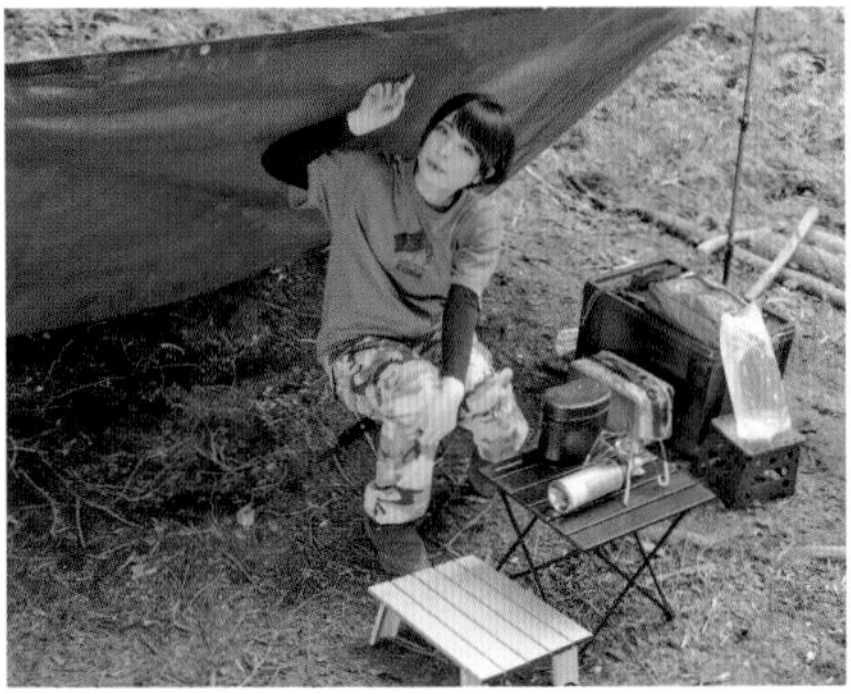
ブルーシートとトレッキングポールを使ってタープを張りました。その下に料理をするための快適な場所を設営します。

最近では、アウトドアブランド製のおしゃれな色のコンテナボックスもありますが、私はホームセンターで買える45Lサイズのものを愛用しています。

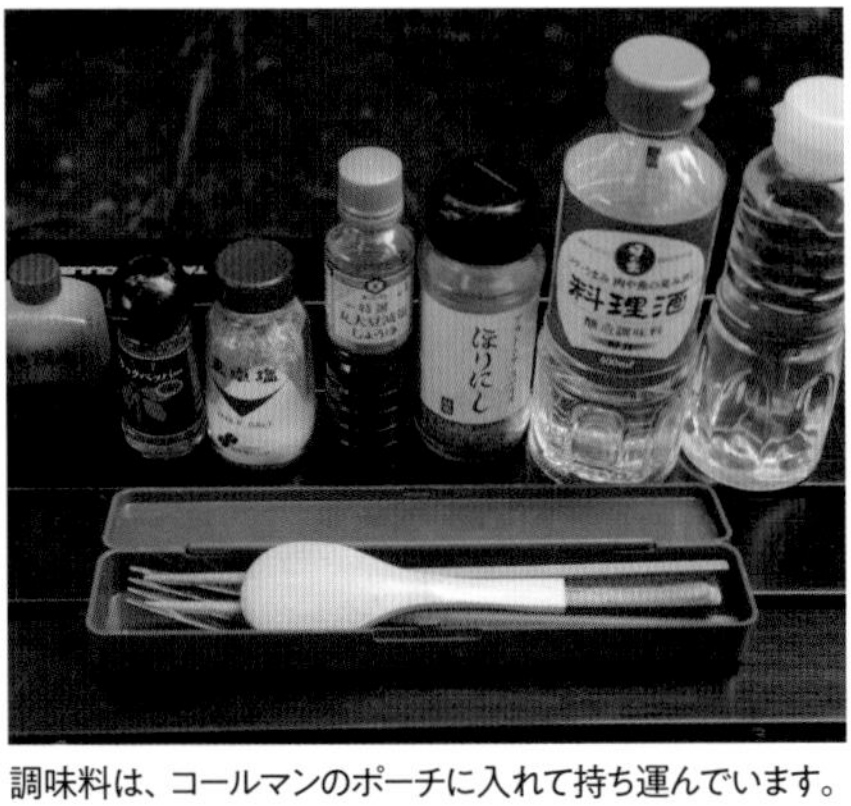

調味料は、コールマンのポーチに入れて持ち運んでいます。料理によって、中身は入れ替えます。

これが全部、1つのコンテナボックスに収まるんです!

きっちり入れると、かなりたくさんの道具を収納することができます。

大きすぎないので、これ1個に道具を収めれば、女の子でも軽々運べます。このまま保管できるので、キャンプがしたくなったとき、サッと車に積み込めますよ。

薪を車に積んで運ぶときに細かい木くずが散らからないこと、外に置いても雨に濡れないことから薪を運ぶ道具としても優れています。

この日のかほなんのソロキャン道具リスト

その日の気分によって変動アリ!

- ナイフ
- グローブ
- イス
- ローテーブル
- 少し大きめのテーブル
- なんでもケース(小物入れ)
- ファイアスターター(数種類)
- ロープ類
- ペグ
- S字フック
- 鎖(肉を吊るすときに使用)
- ブルーシート(タープ代わりに使用)
- トレッキングポール
- ペグハンマー
- シングルバーナー
- 兵式飯盒
- カトラリー(フォーク、スプーン、箸など)
- 調味料(料理に合わせていろいろ)
- ウォーターバッグ
- 踏み台(ウォーターバッグを置く台として使用)

PART 7　拠点を確保しよう!

02 ロープワークの基本を知ろう!

場面に適した結び方を覚えておこう

市販のテントやタープには、付属のロープが付いていて、ロープの長さを調整するための便利な金具もセットされているから、ロープワークを知らなくてもまず困ることはありません。

しかし、**キャンプを続けていると、ロープワークが必要になる場面が必ずやってきます**。たとえばブルーシートをタープのように張ったり、ペグが効かない地面でロープを木に縛って固定したり。

でもご安心ください。**キャンプでは、難しいロープワークをたくさん覚える必要はありません**。もやい結び、自在結び、巻き結びの**最低3種類を覚えておけば、たいていのことはしのげます**。

私も、最初は「難しそうだな～」と思いましたが、覚えてみると意外に簡単でした。

そして何より便利！　汎用性が高いので、キャンプやブッシュクラフトで大活躍します。

ロープの素材には、ナイロン系のもの、綿など天然由来のものなどがあり、太さや強度の種類も豊富にあります。タープに使ったり、物を干すために張ったりするには、太さ4㎜前後のパラコードが使いやすいです。パラコードは、7本の芯から成るロープで、バラして使うこともできる便利アイテムです。トライポッドなど、火床の近くで使う場合は、溶けにくい綿のロープを使います。

ここでは「キャンプで知っていると便利だよ～」という4種類のロープワークを紹介します。

もやい結び

この方法で結ぶと、結び目が動かないため、力を入れて引いても輪の大きさが変わりません。そして解くのも簡単！　元々は船を係留するときに使われていたそうです。キャンプでは、タープのポールの先端に輪っかを引っかけるときなどに使います。

大きな輪をつくるようにロープを両手で持ちます。左手で小さなループをつくります。先端側が下になるように。

左手でつくったループに、右手側のロープを下から通します。

右手側のロープを左手側のロープの下に通します。

通したロープの先端を最初につくったループの中に手前から通します。

両端をギュッと引っ張れば、もやい結びの完成です。

自在結び

結び目が動かせるので、テンションをかければピンと張った状態をキープできて、結び目を持てば上下に自由に動かせるという、とても便利な結び方です。

両手でロープを持ち、くくりつけるものにロープをかけます。片方は端を持ってください。

端の方を、もう一方のロープの上にのせます。

②でのせたロープを、くくりつけるもの側に2周まきつけます。そのまま手前側に引っ張り、軸となっているロープの下を通して右に流します。

ループの中に上から通してギュッと締めます。こぶが3つきれいに並んでいたら完成。結び目を持ちながらロープを引けば、結び目の位置を動かせます。

巻き結び

丸太や枝にロープを結ぶときに使える、とても簡単なロープワークです。私は、トライポッドを組むときには、最初と最後にこの方法で枝にロープを結びます。簡単にできて、サッとほどけるので便利です。

①丸太にロープをかけ、クロスした上側のロープをもう一度丸太に巻きます。②グルッと巻いたらクロスした側のロープの下を通します。両端をギュッと引っ張れば完成です。

トラッカーズヒッチ

その名の通り、トラックの荷台にロープをかけて、ギュッと引っ張りテンションをかけた状態で荷物固定するためのロープワークです。

しっかりテンションをかけられるのでタープを張るなどの用途に役立ちます。

1

既に一方が固定されたロープで行います。手の上にロープをのせ、指に巻き付けるように2周させます。

2

手の上で、ロープをつまむようにU字の状態にして、先ほど指に巻き付けるようにつくったループに通します。

3

通したU字状のロープは適当なサイズ(手が入るぐらい)をキープしながら、両端を引いて締めます。

4

つくったループにもう一度ロープをかけて引っ張ると、軽い力でテンションをかけられます。

PART 7　拠点を確保しよう！

03 テントの種類と設営方法を知ろう！

スタイルで使い分けたいテントの選び方

キャンプをするときには、目的や場所に合わせてテントを使い分けています。場合によっては、シェルターを使って、その下でテントを使わずに眠ることもあります。

ここでは、私が所有するワンポールテント、ドーム型テント、ハンモックテントの特徴と張り方と使いこなしを紹介します。

ワンポールテントは、ＤＯＤの製品を使っています。センターに長いポール１本を入れて立ち上げる円錐形のテントになります。このテントは、ウォールに開閉できるたくさんの窓があります。さらに、**ポリコットンというポリエステルと綿でできた燃えにくい生地**

を使っているため、中で焚き火をするときにも使えます。

重量はずっしりと重く、収納サイズも小さくないので、車で行くキャンプを想定したものといえます。車を停めて、すぐ横にテントを張れるオートキャンプに向いていますね。

このテントの特徴としては、一般的なテントのような床の生地がないこと。この中で寝る場合には、コット（折りたたみ式のキャンプベッド）を置いたり、グランドシートを敷く必要があります。

寝床として使うのもいいですが、**グループキャンプのときに、皆が集まり焚き火をしながら過ごす際の日よけや風よけのタープとして使うときにも役立ちます。**

私は、贅沢にソロキャンで使ったり、ファミリーキャンプで使っています。

ワンポールテントの張り方

付属の収納バッグに本体、ポール、ペグまで収納できます。これは重量が10kg以上あるので、オートキャンプ向きといえます。

1 張っていきます。地面がある程度平らで、ペグがしっかり刺さる場所を選びましょう。場所を決めたら本体を広げます。

2 テントの角になるループにペグを通して打ち込んだら、組み立てたポールをテントの中心に差し込みます。まっすぐ立ち上げると、テントは自立します。

3 角に打ったペグと本体をつなぐストラップを引いて、テントの生地をピンと張り、風で倒れないよう、付属の張り綱を地面に張っていきます。

4 完成しました。開口部が広いので、出入りが楽です。床はなく地面なので、寝るときには、シートやコットなどが必要になります。

5 テントの中で焚き火をしても一酸化中毒にならないよう、ウォールにはたくさんの窓がついています。すべて開けば、中で焚き火を楽しめます。

ソロキャンの定番ドーム型テント

テント泊をする山歩きから、ソロキャンまで、出番が多いテントがモンベルのステラリッジです。これは風に強いタイプで、主に山で使われるため、**世界最高レベルの軽量性と耐久性があります**。私は「2型」という、2人まで一緒に寝られるものを使用していま す。1人だとゆったりできて快適ですよ。

一般的なテントは、本体とフライシートがセット販売されていますが、ステラリッジは、本体、フライシート、グランドシートを別々に買って組み合わせます。どれかが破れても、最小限の出費で補修できます。**それぞれ好みの色を選んでコーディネートできるところが、女子にはうれしいですね**。

テント本体に、フライシートを張った状態。

ドーム型テントの張り方

本体を広げます。入口が片側にしかないので、動線を考えて確認してから張ります。

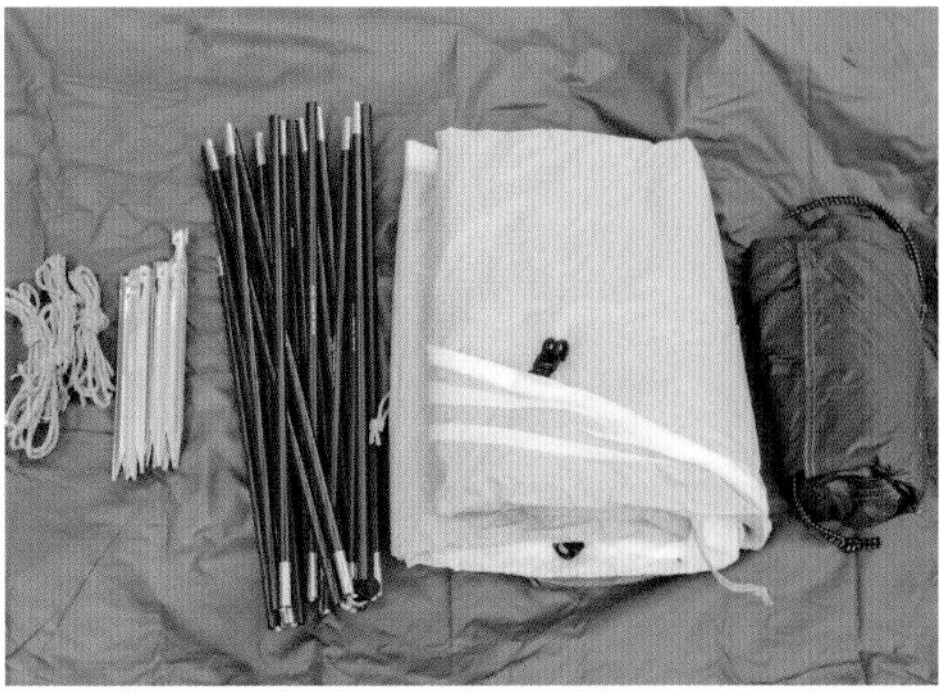

袋からパーツを取り出してグランドシートの上に並べた状態です。登山で使うときには、軽量化のためハンマーは使いません。ペグは足で踏んで刺したり、石を使って打ち込みます。

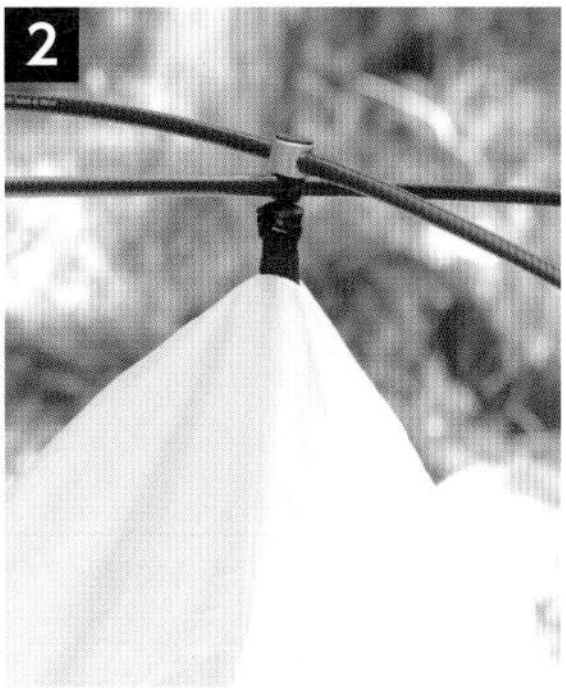

テント本体の中央をポールがクロスした部分に引っ掛けます。

ポールの先端を、本体、グランドシートの順に両方のグロメットにしっかり通します。

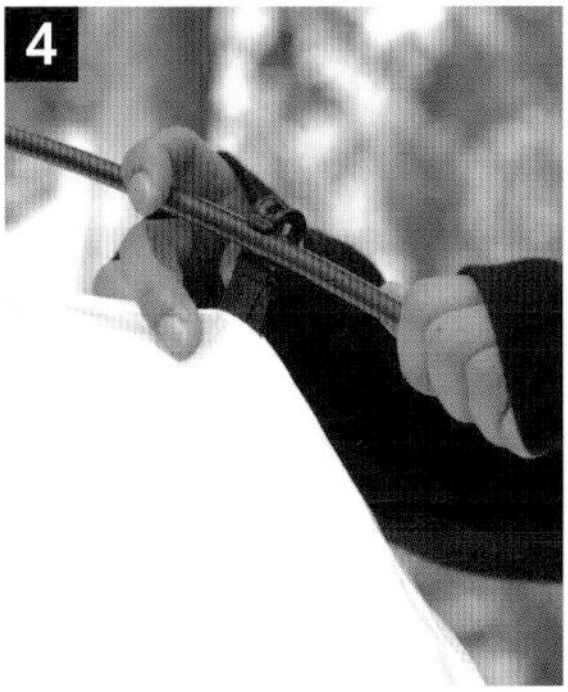

テント本体にあるフックをすべて、ポールにパチッ、パチッとはめていきます。本体は、これでできあがり。

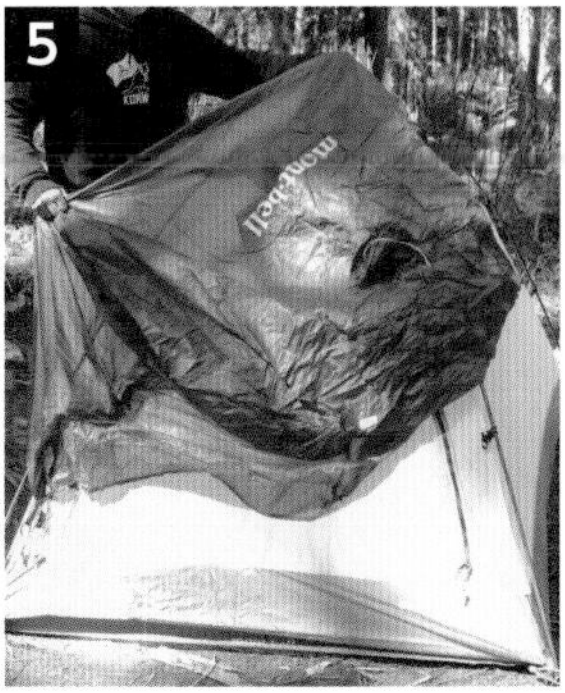

続いてフライシートを張ります。入り口の向きを本体と合わせて、上から本体の上に広げます。

フライシートの四角にあるフックを順に引っ張り、本体のストレッチコードに引っ掛けます。

フライシートの下側にある張綱をペグで固定します。本体と空間ができるよう、外側に引くイメージで張ります。

木がなくても張れるハンモックテント

私がよく使用しているお気に入りのハンモックテント＝ヘブンテントを紹介します。

ヘブンテントは、寝転がっても普通のハンモックみたいに床がV字に曲がりません。だから腰も痛くなりにくいし寝返りも楽々。しかもエアマットも一緒に収納できるので、持ち運びも楽です。

さらに、トレッキングポールや枝を使えば、普通のテントのように地面に張ることもできます。

フライシートを広げれば、煮炊きをするスペースまで確保できます。用途が広い素敵なテントです。

左がヘブンテントを収納した状態。この日はほかに養生用のタオル2枚、ペグ、ハンマーを用意しました。収納袋には、本体、フライシート、エアマット、ストラップ、ガイライン4本、ペグ4本が入っています。

こんなにコンパクトになるから、持ち運びもラク!

ハンモックテントの張り方

樹皮を傷めにくい幅広のストラップが使われていますが、この日はキャンプ場だったので念のためタオルで養生しました。

たるみがないようにストラップをピンと張ります。本体とフライシートを結合させたら、両端にあるカラビナをストラップのループにかけるだけ。上部が水平になるように張ります。傾いていたら、片側のストラップを張りなおします。

テント内の左右2か所に付属する短いポールをセットします。

付属するエアマットに空気を入れて、テントの中に敷きます。

フライシートの前側を広げれば、快適に煮炊きができるスペースを確保できます。寝るときはこれを閉めます。

ポールを使えば、地面にテントのように張ることもできます。この日は、4本用意しました。
本体の左右をトレッキングポールで支え、前室の端を別のポールで広げています。ポールの代わりに枝を使うのもアリです。

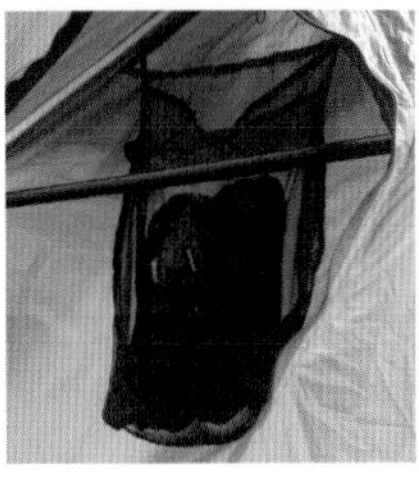

内部には、靴などを入れられる小物入れもあって便利です。

PART 7　拠点を確保しよう！

04 タープの設営方法を知ろう！

最初に設営して雨風、日差しを避ける

アウトドアで活動をするときに、真っ先に設営するのがタープです。これさえ張ってしまえば、風や日差しを避けるスペースを確保できるので、雨が降っていてもその下で快適に作業ができます。ここからはカッコ良く、シェルターと呼びます。

シェルターの効果は、**雨が降ったときに体を冷やさないことと、薪や道具を濡らさないこと**。

シェルターは、市販のタープを使って張ることもできますが、ホームセンターで売っているブルーシートでワイルドに張ることもできます。

私は、モンベルのミニタープHXと、ブルーシートを使い分けています。

荷物を軽くしたいときや、ちょっと洒落た感じのサイトを演出するときにモンベルのタープを使います。このタープは、ポリエステルでできていて軽くて撥水性が高いので、テント泊で雨が強く降りそうな場合に、テントの上に重ねて張ることもあります。

ワイルドな雰囲気を演出したり、焚き火をガンガンたくときには、ブルーシートを使います。もしも火の粉がついて穴が開いても気にならない価格だからです。

まずは、モンベルのタープの張り方を紹介します。**シェルターを張るときに、気をつけるのが風向きです。風上が背になるようにタープの一辺を地面につけて張るのが基本です。**では張ってみましょう。

1 まず風向きを確認してから、タープを地面に広げます。六角形のなかでも長い辺が2か所あります(ロゴの下)。その一辺が風上の地面に接するように張ります。風上側の長辺の両端にあるループにペグを打ち込みます。

2 タープを起こし、ポールを入れます。ポールは、自由に高さを調整したいので、ロゴスの伸縮できるものを愛用しています。

3 ロープは地面に打った対角線上のペグからまっすぐになるよう、本体の斜め前、外側方向に張ります。木や石に縛るのもアリです。

4 左右ともにポールを立ち上げたら、両サイドの下側角のロープを前側に張り、全体のテンションを確認して、しっかり張れていたら完成です。

テントの上にもタープ

雨が降るときには、テントの上にタープを張ると快適に過ごせます。

ここでもモンベルのＨＸタープを使った張り方を紹介します。「小川張り」と呼ばれる張り方で、テントの上にタープを被せるようなイメージです。

今回は途中から雨が降ってきたという想定で、先にテントを張っておいたという前提で説明していきます。

ポールの片側をテントの後方に低くセットし、ロープでタープを延長させます。もう1本は、テントの出入口の先に高くセットするイメージです。

テント前に広いスペースをつくれるので、雨が降ってきても濡れることなく料理や作業ができます。

張ってあるテントの上にタープをかけます。

テントの左右の真ん中とタープのセンターを合わせるように、全体を広げていきます。

前側の端のループに長く伸ばしたポールを入れて、ロープをＶ字に伸ばして2か所に張ります。

後ろ側のポールはタープのループではなく、ロープを延長してそこに入れます。テントとタープが触れない位置になるようポールの長さをセットしてロープを張ります。

側面のロープ計4本を外に向かって張ります。テントの前に大きなスペースができました。

今回はすでに張ったテントの上にタープを張りましたが、先にタープを張っておいて、別の場所で組み立てたテントを後から入れるのがオススメです。

ブルーシートで秘密基地をつくる

ブルーシートは防水性が高く、シェルターとしても使えます。ホームセンターで売っていて、買いやすい価格でサイズも豊富に揃っているので、自分が使いやすいサイズのシートを探す楽しみもあります。

今回は、フルカバーできるように2.7×3.6mの大きなシートを使いましたが、デイキャンプでサクッと張りたいときには、1.8×2.7m程度のものが便利です。ロープ、ポール、ペグは付属していないので自分で用意します。

ブルーシートは、ハトメという穴にポールやロープを入れて張ります。

1

ブルーシートの一辺を地面に固定し、その対称の辺の中央をポールで立ち上げます。

2

センターのポールの先にロープをかけて、前方方向へ伸ばしてピンと張り、ペグで地面に固定します。

2.7×3.6mのブルーシートはホームセンターで購入しました。ほかにポール2本、ロープ3本、ペグ5本を用意します。

3

正面両端のハトメに短いロープを通して、地面にペグを打って張ります。

4

秘密基地のようなシェルターの完成です。ブルーシートを使えば、工夫次第で様々な形のシェルターをつくり出せます。いろいろ試して、お気に入りの張り方をみつけましょう。

コラム
#07

さばいどるのウラ話

「はじめに」でも紹介したように、愛知県一宮市で「おーだーめいど138」というアイドルをしていたときの企画として、YouTube動画がスタートしました。

当初はヒロシ隊長という、大仏の見た目をした隊長がいて、私に生き抜くためのサバイバル試練を与えていたんです。隊長の教育のもと、1人の女の子がたくましく成長していくというストーリーでした。

チャンネル開始当初は、飯盒炊飯もうまくできず、ファイアスターターで火起こししたりフェザースティックをつくることもできませんでした。ほんとうにド素人からのスタートでした。

今は、YouTubeにヒロシ隊長が登場することはありません。たしか、パプアニューギニアに行っているそうですよ（笑）。ヒロシ隊長と当時のかほなんについて詳しく知りたい方は、さばいどるチャンネルの再生リスト「SEASON1」をぜひご覧ください。

解散してしまった「おーだーめいど」ですが、グループではリーダーとしてMCを任されることも多かったので、そこで磨かれたトーク力が、今に活きているのかなと感じることもあります。色んな経験に支えられて今の私があるんです。

インターネットで調べて火おこしの道具を自作し、それを使って火おこしに成功した第2話。茶目っ気たっぷりなかほなんによるとんでもないオチが……。

今でこそ、ひとりでシャッ!　シャッ!　とできるフェザースティックも、最初はヒロシ隊長に伝授していただきました。ありがたき教えです。

PART 8
野外フィールドの注意点

山を歩いたり、川沿いを歩いたりする際には、注意すべきことがたくさんあります。
気を抜いていると思わぬ事故に遭い、ケガを負うことも。
変わりやすい気候や、予想を超える寒暖などにも注意が必要です。
楽しい思い出に水を差すことにならないよう、本章は必ず読んでくださいね。

PART 8　野外フィールドの注意点

01 山を歩くための準備を整えよう！

楽しい山歩き！でも備えはしっかりと

幼稚園の遠足で登山をするような環境で育ったので、小さいころから山歩きが大好きです。山歩きの魅力は、珍しい植物を見ることができたり、絶景を目の当たりにできたり、体力づくりができることです。**風や香りにも、その場所ごとの個性があって、五感で山を感じることができます**。

そして、いっぱい歩いてお腹がすいたら、山頂で簡単なごはんをつくって食べます。**世の中にこんなに気持ちいいごはんがあるの〜ってくらい、山頂で食べるごはんは最高**。普通のおにぎりがいつもの何百倍にもましておいしく感じます。歩くことと食べること、それに素敵な景色をいっぺんに楽しめるのも山歩きの魅力です。

ひと言で山といっても、標高１０００ｍに満たない近場の低山から、３０００ｍに迫る本格的な山もあります。

これから山登りを始めるよ～っていう方は、まず近くの低山に行ってみることをおすすめします。

人気の低山ならルートの標識もたくさんあり、道に迷う心配もありません。トイレや売店、駐車場があるなど、観光地化している山もたくさんあります。

とはいえ、山は山です。山道は滑りやすく、虫や日焼けによるダメージも考えられます。

安全かつ快適に歩くために、シューズ、服装、バッグなどを揃えて、低山から山歩きに慣れていくのがいいでしょう。

私の登山スタイル

私の場合、必要な道具はすべてザックとポーチに入れて、両手をあけます。日差しを避ける帽子と、山道でも滑りにくい登山靴は必須です。

服装は、インナーに汗でべたつかない、化学繊維のベースレイヤーシャツを着ます。その上に速乾性のあるシャツを着て、季節や天候によっては、ウインドブロックタイプのジャケットを着ています。パンツは、足の動きを妨げないようストレッチが利くタイプが快適です。

ザックは、胸と腰にベルトがついているものがおすすめです。なるべく軽くて、体にしっかりフィットするものを選ぶと快適に歩けます。荷物を入れる順番は、下からあまり使わないもの、軽いものでクッションになるもの、重いもの（水、食料、クッカーなど）、すぐに取り出す服などの順で入れています。

また、行動食として必ずお菓子を持ち歩いています。**お腹がすくと思考が鈍ったり、最悪の場合動けなくなることもあるので、こまめなエネルギー補給が必要です**。

シューズは、自分の体を守る大切な道具です。必要な機能にお金をかけましょう。ソックスは登山用の厚いものを履いて、靴擦れを予防しています。

帽子は、日差しを避けることと、弱い雨の日には雨除けにもなるので、ツバが大きなものを選びます。夏場は汗をかいても乾きやすい速乾性の素材や、ゴアテックスのような中の湿気を外に出す素材のものが快適です。

私の帽子には、冬場に便利な耳当てがついています。使わないときは、中に隠せます。風で飛ばないよう、あご紐つきのものを。

水は、小さなボトルを手が届くところに入れ、他はザックに入れます。
小物やボトルを入れられるサイドポケットも便利です。トレッキングポールや三脚のような長いものも、ここに入れて持ち運べます。赤いケースには、サングラスが入っています。

山は紫外線が強いので、日焼けを防ぐためのネックゲーターがあると快適です。

このケースをザックの雨ぶたに入れておき、お腹がすいたら歩きながら取り出します。

上着は撥水タイプで、弱い雨ならレインウェアを着なくても濡れません。かなり寒いときには、この中にダウンを着ることもあります。

あまり太いと、枝に引っかかることもあるので、パンツは細めのシルエットのものが安心です。

このシューズはゴアテックス製で、雨の日に歩いても中が濡れません。

最悪のことを想定した装備を考える

山に限らず、アウトドアで活動するときには、**「もしも」のことを想定した装備を必ず携行しましょう**。

雨具は急な天候の変化に対応するため必須です。もしも長い時間山を歩くときに**雨具がないと、雨でカラダを冷やし、低体温症で歩けなくなってしまうこともある**からです。

山を歩くと、転倒したり草や枝でケガをすることもあります。そんなとき慌てずに対処できるよう、ファーストエイドキットを持ち歩きましょう。

このほかクマよけスプレーや鈴を身に着けています。**自然の中では、自分の身は自分で守るしかない**ので、必要なものはすべて持ち歩きます。

山岳用のザックには、レインカバーが最初からついているものも数多くあります。ついていない場合は、登山用品店などでサイズがあったものを購入できます。

ザックの中には、必ず雨具を入れています。歩いて汗をかいてもベタベタにならないよう、防水性と透湿性を両立したものが快適です。登山用のものは、折りたたむと小さくなるので持ち運びも楽です。すぐに取り出せるような位置に入れています。

雨具のパンツは、サイドのジッパーが、腰から足先まで完全に開けられるものが便利です。このタイプは、脱ぎ着が楽なので、急な雨のときにも助かります。

クマよけの鈴、パラシュートコードを編んだもの、ホイッスルは、カラビナを使ってかけています。

山歩きだけでなく、渓流で釣りをするときにも、腰には必ずクマよけスプレーをつけています。唐辛子などで抽出した液体が噴き出すもので、至近距離でクマに噴射して、クマがひるんだ隙に逃げます。

夏場は、衣類にスプレーする市販の清涼スプレーにハッカ液を数滴入れた自作の防虫スプレーを携行します。暑い日にシュッとひと吹きすれば、シャツから清涼感が伝わり、しかもハッカの臭いで虫を除けてくれます。ヒルにも効果あり。

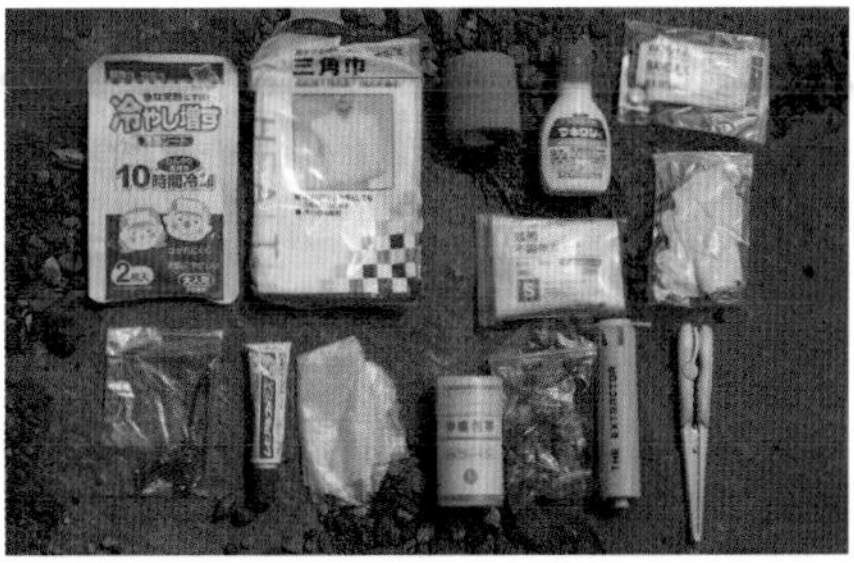

ファーストエイドキットは、100均や薬局で必要なものを探して揃えました。ポイズンリムーバーは、アウトドアショップや通販で購入できます。切り傷、擦り傷のほか、トゲが刺さることもあるので、トゲ抜きがあると便利です。

山歩きは小さなステップで

山道を歩くときは、舗装された都会の道とは違って、気をつけることがいくつかあります。

基本は、背筋を伸ばして小股で歩くことです。足の裏全体で地面をつかむように、しっかりと踏みしめて進みます。

大股で歩くと筋が伸びすぎて、足を痛めたりします。また、足の筋肉を大きく動かすことで、疲れや息が切れる原因にもなります。

下りの前には、まず靴紐が緩んでいないかを確認します。靴紐が緩んでいると靴の中で足が動き、つま先が痛くなるからです。また、下り坂では勢いに乗って早足や大股で歩いたり、ジャンプをしたくなりがちですが、いずれも転倒しやすくなるので慎重に歩きましょう。

長い登山ルートを歩くときには、トレッキングポールがあると楽に歩けます。足だけではなく、腕を支えにしながら歩けるので、筋肉疲労を分散させ、足の疲れを軽減する効果が期待できます。

トレッキングポールは、簡単に長さを調整できるので、登りと下りで長さを変えて使います。体の前方につくので、斜面に対して接地する位置が変わるからです。登りは短く、下りは長くします。

このほか、河原など水が近くにあるところでは、マムシがいることもあるので、歩く先の足元にも注意を払い、誤って踏んでしまわないよう気をつけましょう。

これは悪い例です。大股になると、足が疲れやすくなります。また、安定性の悪い石や枝等の上には乗らないようにしましょう。

山道を歩くときは、ステップが大きくならないように注意します。足裏は、滑らないよう全面がしっかり地面に着くように歩きます。

河原の横にルートがある場合は、マムシがいる可能性があるので、行く先を注意深く見ながら歩きます。マムシは、落ち葉や石に似た色なので、見逃さないように。

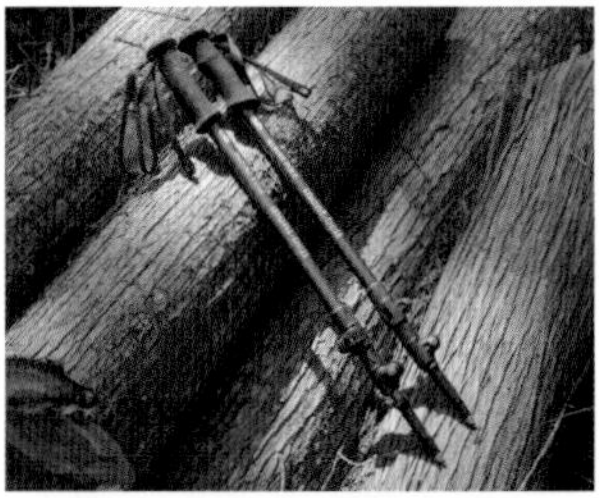

トレッキングポールは、軽量で使わないときには短く伸縮して持ち運べるので、必要なときだけ出して使うこともできます。

先端は石づきになっていて、基本は写真のようなキャップをつけています。その他、雪用のバケットを取り付けられるなど、自由にカスタマイズが可能です。

ストラップの下から手を通してストラップとグリップを一緒に握ります。

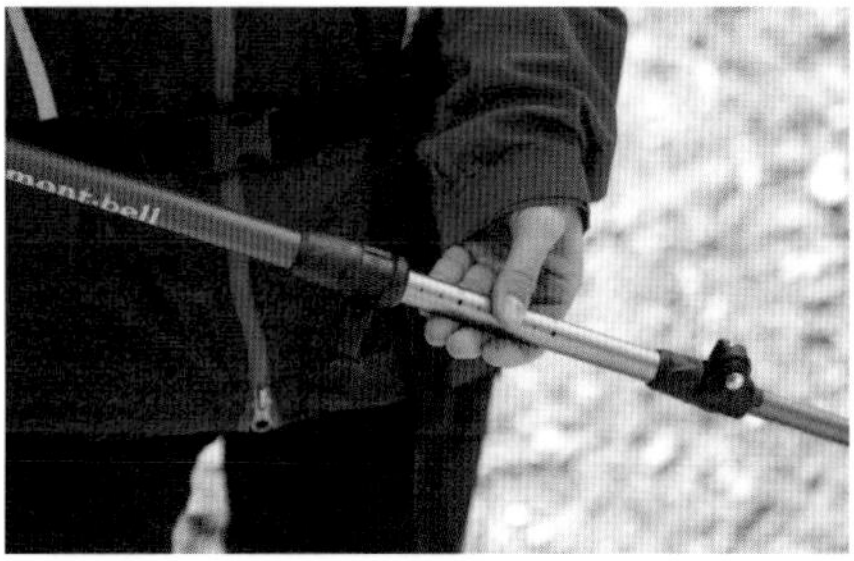

ロックを外すと簡単に伸縮できます。ポールを握ったときに、肘が直角になるくらいに合わせます。これをベースに登りでは少し短め、下りでは少し長めに調整します。

トレッキングポールを先につくことで、地面に触れているポイントが増えるため安定感が増します。ポールをつく位置は開きすぎず、反対側の足のカカトの延長線上あたりにつきます。

下り坂では、ポールだけに体重を集中しないように気をつけます。あくまでも補助的な支えとして使います。もしも足が滑ったときには、ポールでグッと踏ん張れるので転倒防止にもなります。

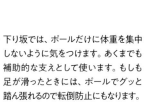

プチプラウェアで四季の寒暖を乗り切る

1年中、アウトドアフィールドで活動をしていると、あらゆる天候を体験することになります。晴れて暑い日もあれば、雨や雪で凍えるくらい寒い日もあります。その時々の自然環境に対応できるよう、服装には気をつかっています。

といっても私の場合は、アウトドアブランドの最新の高機能ウェアよりは、近所のショップで買えるプチプラの服で、アウトドアでも快適に使えるものを探して選んでいます。

夏場は、大前提として虫刺されや日焼けを防ぐコーデをします。長袖のインナーの上にTシャツ。足を出さないロングパンツが基本です。枝や草で肌

アウトドアで活動するときには、夏場でもなるべく肌を出さないよう長袖とロングパンツを着ています。パンツは伸縮性があるものが動きやすくて快適です。足元が悪いときには、長靴を履きます。

薮の中に入って枝を集めることもあります。虫だけではなく、枝や草で肌を切ってしまうこともあるので、どんなに暑い日でも長袖、ロングパンツを選びます。Tシャツは大好きな色のものをその日の気分で。

を切らないようにする目的もあります。長袖のインナーは、汗をかいてもすぐに乾くもの。パンツは、動きやすいものを選んでいます。ポケットがたくさんあるとさらに快適になります。

冬は、ひたすら重ね着をして寒さをしのいでいます。最も寒いときの着こなしを紹介しましょう。

私は肌が弱く乾燥が苦手なので、一番、肌に近いところに綿の長袖シャツを着ます。次に、化繊（体温で温まる素材）の長袖シャツ、セーター、パーカー、ダウン、難燃性のパーカーの順に重ね着します。動いて暑くなったら、その都度、脱いで調整してます。

カジュアルブランドの製品でも、アウトドアで快適に過ごせる服が増えています。上手に探して、快適に過ごしましょう。

コンパクトに収納できるユニクロのダウンは、冬場の必需品です。朝方、寒さを感じなくても天候が急変することがあるので、そんなときにサッと出して、アウターの下に着ます。アウトドアブランドではないですが、これは本当に使い勝手がいい1枚です。

マイナス10℃でも快適に活動できるよう、これでもか！ というぐらい重ね着しています。アウターは、最近お気に入りのモンベルのフエゴパーカ。焚き火用に、燃えにくい素材でつくられています。レディースもありますが、シルエットがゆったりしたメンズを選びました。

撮影などでなかなか体を動かせない日など、どうしても寒さを防げないとき、つま先には足先専用の使い捨てカイロを貼っています。手先も冷えるので、ジャケットのポケットにも使い捨てカイロを入れています。体が温まるまで助けられています。

おわりに
夢に向かってサバイバル

最後まで読んでいただきありがとうございます。この本は、**アウトドアのスキルなんて、何もなかったアイドルの女の子が、YouTubeの撮影を通して、いろいろな体験を積み重ねて身につけた知識やテクニックをまとめたものです**。

今振り返ると、この本をつくった2020〜2021年は大きな変化の年になったと思います。新型コロナウイルスの影響で、アイドルとして週に2〜3回行っていたライブ活動が、2020年4月ごろから一切なくなってしまいました。皆さまもそれぞれに、きっと大変な時期を過ごされたことだと思います。

しかし私は幸い、誰とも接触することなく過ごせる山を購入していたので、そこにこもって修行生活をすることができました。**アイドルの活動ができないなら、今しかできないことに集中すればいいって**。

山を整備して、活動できるエリアを広げたり、渓流で魚を釣ってそれを料理してみたり。YouTubeの動画もどんどんあげました。

すると、2019年の10月ごろは10万人ほどだったチャンネル登録数が急激に増えていき、1年かからずに20万人近くに達しました。これは本当にうれしいことであり、視聴してくださっている皆さまには感謝しかありません。

チャンネル登録者数が増えると、キャンプブームの影響もあってか、テレビ出演のオファーも一気に増えました。東京のテレビ局がつくる全国放送の番組から、地方局のバラエティ番組まで、たくさんの番組に呼んでいただきました。

アイドルとしての活動ができなくなった絶望感とは対照的に、時期を同じくして、アウトドアでの活動に徐々に脚光があたるようになりました。そこで学んだことは「あきらめずに挑戦し続ける」ことです。

アイドルとしてどう生き残るか、日々のライブでほかのアイドルたちと人気を競うサバイバルもあるし、自然の中にたった1人で入って、ナイフ1本で過ごすリアルなサバイバルもあります。

アイドルとしてのサバイバルは、今はちょっとお休みしていますが、その代わりにアウトドアにおけるサバイバルについては、過去にもましてさまざまなことにチャレンジし続けています。

目標は、無人島を買って、そこで自給自足をしながら生活することですが、**目標に近づくためには、どんな状況に置かれても、その状況を判断して生き残ることができるよう動き続けること。それこそが、私にとってのサバイバル活動です**。

さばいどるとは、アイドルとしても、アウトドアでもつねにサバイバルする女の子。夢である無人島にたどり着くまで、これからも新しいチャレンジを続けていきたいと思います。

話は変わりますが、インタビューの際に「どんな無人島に住みたいの?」と聞かれることがあります。

私のなかでは、ヤシの木が1本だけポツンと生えているような小さな島ではなく、山があり、川が流れ、ニワトリやヤギなどの動物を飼えるような、ある程度大きな島をイメージしています。

どうしてそのようなイメージができあがったかというと、マンガやアニメから影響を受けています（笑）。サバイバル系のお話が大好きで、島で生き残るために主人公たちが生み出す知恵や行為にロマンを感じました。

無人島で暮らすことは、何年にもわたり追い続ける大きな夢。そう簡単には実現できないことはわかっています。しかし、**夢をあきらめずに、口に出し、そこに近づく努力をしていれば、いつかきっと叶うと信じています。**

もちろん、無人島で暮らすためのスキルはまだまだです。これからもできるだけ山に入り、トレーニングをして、ＹｏｕＴｕｂｅを通じてその様子を皆さまと共有しながら前に進みます。

この本を通して、皆さまの心の中に夢が生まれたら、これほどうれしいことはありません。

それがたとえ、どんなに困難な夢であっても、あきらめずにそこに向かって一緒にサバイバルしていきましょう！

◉取材協力

BE-PAL編集部　https://www.bepal.net/

forenta　https://www.forenta.net/

新富士バーナー株式会社（SOTO）　http://www.shinfuji.co.jp/soto/

KIKU KNIVES（キクナイフ）　https://kikuknives.jp/

ハスクバーナ・ゼノア株式会社　https://www.husqvarna.com/jp/

Haven Tent（ヘブンテント）　https://haventents.jp/

青川峡キャンピングパーク　https://www.aogawa.jp/

郡上漁業協同組合　http://www.gujo-fc.or.jp/

〈著者略歴〉
さばいどる　かほなん

アイドル。キャンプ歴約20年。登録者数37万人超（2021年6月現在）のアウトドア系YouTubeチャンネル「さばいどるチャンネル」にてキャンプ、登山、釣りなどの動画を公開している。キャンプ好きの父と田舎育ちの母の影響で、小さい頃からキャンプや野遊びをして育つ。三度の飯とアウトドアが大好きで、キャンプでも蛇や魚を捕って食べるほどのサバイバー。軽快なトークと、見た目とは裏腹なガチのサバイバル活動が反響を呼びメディア出演も多数。
著書に『お金をかけない！山登り＆ソロキャンプ攻略本』（KADOKAWA）。

YouTube「さばいどるチャンネル」

アウトドアが100倍楽しくなる！
さばいどるのワイルドキャンプ

2021年 6月22日　第 1 刷発行
2021年 7月15日　第 2 刷発行

著　者　さばいどる　かほなん
発行者　徳留 慶太郎
発行所　株式会社すばる舎
〒170-0013　東京都豊島区東池袋3-9-7 東池袋織本ビル
TEL　03-3981-8651（代表）　03-3981-0767（営業部直通）
FAX　03-3985-4947
URL　https://www.subarusya.jp/

印　刷　ベクトル印刷株式会社

ISBN 978-4-7991-0945-8